In giro per la letteratura

SCRIVERE E LEGGERE NEI CORSI INTERMEDI D'ITALIANO

Kenneth Berri ▪ Elisabeth Lee Giansiracusa

HH Heinle & Heinle Publishers
Boston, Massachusetts 02116 U.S.A

I(T)P **An International Thomson Company**

New York ▪ London ▪ Bonn ▪ Boston ▪ Detroit ▪ Madrid ▪ Melbourne ▪ Mexico City ▪ Paris
Singapore ▪ Tokyo ▪ Toronto ▪ Washington ▪ Albany NY ▪ Belmont CA ▪ Cincinnati OH

The publication of *In giro per la letteratura* was directed by the members of the Heinle & Heinle College Spanish and Italian Team:

Elvira Swender, Editorial Director
Gilberte Vert, Production Services Coordinator
Amy Terrell, Marketing Development Director

Also participating in the publication of this program were:

Publisher: Vince Duggan
Assistant Editor: George Lang
Project Manager: Angela Castro
Copyeditor: Ann Goodsell
Compositor: Publication Services, Inc.
Interior Designer: Publication Services, Inc.
Cover Artist: Michael "Misha" Lenn
Cover Designer: Dina Barsky
Illustrator: Michael "Misha" Lenn

Manufactured in the United States of America

ISBN   0-8384-4968-9 (student text)
          0-8384-4969-7 (IAE)

10 9 8 7 6 5 4 3 2 1

Contents of Introduction

Introduction

In giro per la letteratura, like its predecessor and model *Autour de la littérature* by Peter Schofer and Donald Rice, seeks to restore reading and writing to the center of language learning, along with speaking and listening. Our book is meant to be very different from standard second-year Italian readers or grammars that emphasize spoken dialogues, incidental readings, traditional plot questions, and review of grammatical rules. Our approach combines play and work, and the application of playful but serious writing and reading to proficiency in the language. Our intention is that this book be both fun and *impegnativo* for students and teachers alike. Serious fun.

We invite students and teachers to play with the Italian language through literature. Creating with words—composing short poems, dialogues, and stories—encourages students to break out of rote memorization and restrictive exercises in order to use previously acquired knowledge actively, playfully, and in new contexts. We have all dreamed of finding literary passages that coincide perfectly with specific grammar topics. Such fantasy is the stuff that dreams are made of. *In giro per la letteratura* is based on the premise that a lack of perfect correspondence between grammar points and a given literary passage actually creates a more authentic and challenging learning experience. For instance, knowledge of the future tense acquired in October takes on urgency for the student two months later if she is asked to write about a projected trip. Similarly, expressions for talking about the body take on new immediacy when the student has to write an imaginary conversation describing symptoms to a doctor.

In giro per la letteratura is designed to encourage students to integrate grammar, vocabulary, and inventiveness in contexts they may or may not have encountered in their own lives.

The texts we have chosen are very diverse, linguistically and culturally. They represent a broad spectrum of Italian values and issues—past and present—and challenge literary and social stereotypes and traditional assumptions about Italian culture. Students will be constantly asked both to recall grammar and vocabulary they have previously learned and to question their own cultural "prejudices" about things Italian. The notion of *andare in giro* in the title of the book suggests moving through and exploring Italian literature as a reflection of the complexities of Italian language, culture, and values. We find this kind of textual voyage of discovery much more valuable pedagogically than, for instance, an artificially imposed regional or thematic coherence. *In giro per la letteratura* cuts across the usual progression of language learning and seeks to make students truly proficient at reading and writing (and thinking!) as well as speaking and listening. Its ultimate goal is to integrate literature and diverse ideas and values into language learning. Literary texts can and should be used to increase students' proficiency in all four skills needed for mastery of the language.

Literature in the Classroom

As traditionally taught, literature is bound into a strict canon of texts whose authority has only recently been questioned by some while others have staunchly defended its integrity. The canon in Italian letters consists of works by writers such as Dante, Petrarch, Boccaccio, Ariosto and Tasso, Manzoni, Pascoli and Carducci, D'Annunzio and Pirandello, Moravia, and Calvino. In recent years the canon has been marginally expanded to include women. As we all know, the distance between the language of a second- or third-year Italian student and the artistry of the *Commedia* is colossal, and the number of "great texts" appropriate for a second-year class is regrettably small.

This gulf is widened by several other obstacles. American students often display an inherent fear and mistrust—if not outright dislike—of literature in a foreign language, preferring to limit their focus to ordering in a restaurant and buying clothes or taking a train. Our own specializations have led us to see ourselves—and our courses—as either "language" or "literature." The politics of American culture, especially of late, continues to devalue literary and artistic works, and the humanities in general. One need only ask a ten-year-old American child to recite two poems learned in school or talk about a work of art! We find this to be an alarming state of affairs which we are seeking to help remedy. In order to overcome such attitudes, we have tried both to expand the definition of "literary" and to diversify the connotations of "cultural" by avoiding traditional and stereotypic classifications.

This Introduction explains the pedagogical premises of the book, anticipating instructor's questions, arranging works by level of difficulty, and giving suggestions for each text and each unit, for stronger and weaker classes, and for generating more writing exercises.

Our book owes a great debt to the ingenuity and pedagogical approach of Peter Schofer and Donald Rice's second-year French textbook *Autour de la littérature*. In the second edition, Schofer and Rice quote the poet Mallarmé's remark to the painter Degas that poetry is composed of words rather than ideas—"Ce n'est pas avec des idées qu'on fait un poème, Degas, c'est avec des mots." The great ideas and themes associated with literary studies grow out of these words—well-crafted, well-chosen, beautiful. The challenge for us as teachers is to help students grasp the basic meanings of words and the myriad ways they can be manipulated to create literary meanings. Only *after* having experienced the immediacy of writing and then having read a literary text are students asked to "think about" the text, to step back and analyze in a more conventional way. At this point they are asked to analyze narration and description, using more cognitive/analytical skills in an effort to understand the text more fully.

Literary texts are an ideal means to initiate students into the cultural traditions that permeate every part of Italian daily life and the Italian language. Reading and writing about texts containing literary language fulfills a need for students to encounter language through contact with different registers of Italian not readily available in textbooks today. The readings in this text include advertisements, popular theater, film, songs, cartoons, and an opera libretto. We consider these works "literary" because of their masterful use of language, because they depend on the formal and rhetorical conventions of literature, and because they are strongly connotative.

Most language textbooks at this level deal with denotative, unambiguous language and practical, straightforward information about Italy. Italian language, literature, and culture are, however, suggestive of multiple meanings, ambiguous, comical, ironic, multidimensional, satirical, even absurd. There is much less of a barrier between everyday life and "high culture" than the academic distinction between language and literature has led us to believe, particularly in a country like Italy with its diversity of regional cultures and languages. We have thus aimed at variety in an effort to avoid imposing cultural or thematic coherence. We have sought variety in levels of difficulty, in the representation of major genres, and in presentation of the paraliterary. At this level, the inclusion of literary language should *not* be an "add-on" or a "capsule." (For more on curricular development in language/literature departments, see Carmen Chaves Tesser, "Back to the Future: Curricular Change and the Culture Wars" *ADFL Bulletin* 26 (Winter 1995): 16–20).

By the second year, students have mastered enough vocabulary and grammar to begin exploring literary uses of language. We want to introduce students to literary language for its craft, beauty, diversity, and cultural messages as they practice and perfect their reading, writing, and critical skills. As Marva A. Barnett has written, "The strength of the whole foreign language experience depends on the interconnectedness of all three elements: without the key of language, we cannot understand a civilization and its literature, since they express themselves by means of language" ("Language and Literature: False Dichotomies, Real Allies," *ADFL Bulletin* 22 [Spring 1991]: 9).

Although *In giro per la letteratura* aims to teach students how to read critically, it is not meant as a systematic introduction to critical analysis. Nor is its primary goal the mastery of individual texts. Students are expected to get to know the texts well, but they should not be asked to acquire the thorough knowledge of individual texts that we associate with literary studies. In other words—and this a particularly important caveat for teachers of Italian at any level—the texts are sources for playing with and writing different types of languages, *not* monuments to be explored in every detail. Lastly, *In giro per la letteratura* is not intended as a literary anthology. Teachers are encouraged to introduce the ideas of work and play with words, of recreation and individual creation on the part of the student, and of exploration of cultural expression. We hope teachers will be inspired by the *impegno* implied in this approach.

The Structure of the Book

We have chosen texts by considering their length, degree of difficulty, and capacity to inspire students to write their own texts, with the additional goal of including a representative selection of women writers.

The text provides a simple introduction to the play of literary language: some basic principles of versification and exercises involving phonetic aspects of poetry and basic processes of reading, i.e., the associative relationships of part/whole, causality, similarity, and opposition. Here we emphasize connotative meanings, the interplay of oppositions, metaphor, and other figures of speech, moving beyond the more limited denotative sense of a text.

There are more texts than an instructor would be likely to use in a single course; moreover, we have not built in a rigid progression. Teachers will be aware of a graduated increase in degree of difficulty, but in order to avoid "pre-conditioning" the student's reaction to the text, this distinction will not be overtly announced to students. This progression will allow the student to increase proficiency almost effortlessly and permit the teacher to move around the book easily.

In giro per la letteratura is designed for that somewhat amorphous level of language study known as intermediate. The book contains 36 texts, accompanied by exercises that both introduce a diachronic sense of the history of Italian literature and linguistic development, and represent synchronic cultural issues and concerns. The easier ones can be used from the start of the third semester of Italian; the more difficult ones, in fourth- and fifth-semester courses. The book may be used in conjunction with other materials (grammar review, conversation, culture) or on its own in a reading course. The materials are designed to be worked on in small blocks, alternating with other subjects and skills; however, the text is flexible enough to allow for more concentrated work.

The text is divided into two parts *Letture meno difficili* and *Letture più difficili*. The placement of texts is determined by the following criteria: length, grammatical complexity, linguistic specificity, conceptual difficulty, and nature of the exercises. As the book progresses, the texts tend to get longer, the sentences more complex, the vocabulary more specialized, the ideas and literary problems more sophisticated, and the exercises less closely tied to the text itself. The two parts do not, however, correspond to a specific semester or quarter format. Instead, they represent rough estimates of levels of difficulty that can be tailored to specific programs and to students' abilities. In a typical two-semester intermediate Italian course, selections might be made primarily from the first half in the first semester and from the second half in the second. However, texts can overlap in either direction. The texts are not meant to be used cumulatively or in any specific order. You should feel free to make any thematic groupings you desire. For instance, it is possible to select texts that address love, disappointment, fantasy, historical topics, or childhood. Texts on Rome (Ginzburg, Morante, Paolini, Calvino, and Rodari) could be supplemented with films by Fellini or Rossellini's "Roma: città aperta." Other possible topics are World War Two and its aftermath, the urban environment, multiculturalism, country life (Levi, Pascoli, the gastronomic itinerary), music as literature (the *cantautore* tradition, opera, ballad, music from the 70s–90s) or music and politics (Dalla and the "Prima pagina" chapter on elections), human values and allegiances (loyalty, love, fidelity), food and drink (the gastronomic itinerary, the ads, agriculture and ecology), and finally, political and social issues (Fo/Rame, Alberoni, the front page from *La Repubblica*, the WWF ad, and Montale).

Each part seeks a balance among the traditional genres—poetry, prose narrative, and theater. Texts from nontraditional sources–songs, plays, advertisements, film scripts—appear in both parts. This variety, in conjunction with the large number of texts (more than one would typically be used in an academic year), offers considerable flexibility and freedom. You can thus vary selections from year to year, depending on your own tastes and the abilities of a particular class.

The Structure of the Chapters

Each chapter is divided into three sections that cumulatively emphasize the playful, creative, and enjoyable relationship between reading and writing: *Prima di leggere* (pre-reading exercises that cast the students in the role of author), *Lettura* (the text itself, followed by *Domande sulla lettura* designed to initiate class work on the text), and *Dopo aver letto* (writing activities that encourage students to write *about* or *around* what they have read). These three parts do not necessarily correspond to three class days (see below), but they do represent a coherent sequence that we urge you to follow, no matter how you choose to divide the work within each part. All three sections and a brief introductory biography of the author are in Italian.

We propose ways to elide vocabulary acquisition, the study of grammar, and topical discussion with writing and talking about literature. The exercises preceding and following texts encourage students to integrate new words and linguistic situations with what they already know. Most avoid the traditional question-answer format and thus deliberately discourage the instructor from lecturing about literature. Questions and activities are designed to stimulate use of language rather than merely to produce a correct answer. In short, students are not "drilled" on literature; they are asked to create linguistic situations and to push their written and conversational skills to a new level, using texts as their focus.

Prima di leggere

Prima di leggere ask students to think, write, and talk about a situation they will encounter in the text. Students will thus have a basic grasp of the literary text before they read it and will be able to read more actively and independently than students with traditional preparation.

All the exercises prepare students for the text they are about to read by prompting them to write within the literary situation and to work with language they will encounter in the text. The pre-reading exercises permit students to use language creatively and playfully. They should be encouraged to use their imaginations as much as possible.

The pre-reading exercises fall into four broad categories:

1. *Word Associations.* These exercises encourage students to draw on vocabulary already learned and, more importantly, teach them about the connotative powers of language. For example, the word *hand* has a specific meaning, but students are capable of transforming it into metaphors of hooks, crabs, flowers, and feathers. The word *hand* can also inspire students to create stories of murder, mystery, and quick escapes. In games of associations, students are learning how literary language works while reviewing and expanding their vocabulary.

2. *Stories.* These exercises are often designed to lure students out of their normal cultural environment by imagining situations that are not part of their everyday lives. For example, they are asked to imagine an enemy occupation of their city, to describe life in a poor neighborhood or ghetto, and to describe their notion of courtly behavior in the Middle Ages. On the other hand, students are also asked to draw on personal experience imaginatively, for, as we all know, fiction often begins at home.

If we are asking students to put themselves in the position of an author, we must allow them to play with their own experience as a source of literary creation. By encouraging and demanding that students expand their imaginations, the inclusion of the personal allows students to "italianize" themselves, perhaps imperceptibly and unconsciously. Moreover, texts that require students to develop skill at explaining subjective reactions to unfamiliar situations and to social, political, or moral concerns also ask them to invest personally in talking about these situations or issues.

3. *Dialogues.* These exercises ask students to work with familiar cultural contexts. They are asked to take visitors on a tour of their city, to write the text of a long-distance call home, or, in a more fantastical context, to invent a conversation with a talking clock.

4. *Grammar.* Generally speaking, the pre-reading exercises do not deal with grammar. However, in cases where lack of grammatical knowledge would interfere with mastery of the reading, review exercises are included. For example, medieval and Renaissance texts are easy to read if one recognizes the *passato remoto*; the sonnet and the opera libretto become easier if one recognizes the patterns of meter and rhyme. Most pre-reading exercises are accompanied by a box called *Vocabolario utile*. These lists sometimes consist mainly of words from the text; in other cases, they provide words that will help students talk about the text. These vocabularies are included to give students ideas and to stimulate their imaginations. However, they should be encouraged to use vocabulary from other sources, and should be allowed, when necessary, to look up their own words.

We cannot stress strongly enough that *Prima di leggere* is dedicated to play, creativity, and imagination. To this end, we encourage instructors to follow these guidelines:

1. Written work from *Prima di leggere* may be corrected, but grades should not be given. Grading inhibits experimentation and would tend to prevent the realization that writing can be fun.

2. There are no correct answers to the pre-writing exercises as distinguished from the more traditional grammatical review exercises. In fact, there are no answers, only writing exercises that take any form the student may invent. Clever students might decide to "cheat" by looking for the answer in the text. Because *Prima di leggere* does not correspond exactly to the text, such efforts will quite possibly result in wasted time or obviously contrived answers. Even so, such "cheaters" need not be discouraged, for they will have read the entire text on their own (whatever the initial motivation)! For other students, the pre-readings will provide an uncommon chance to create funny, absurd, fantastic, thought-provoking, even polemical little compositions in Italian.

La lettura/Domande sulla lettura

This section presents the text itself, with marginal glosses and a set of questions on the text. Unlike traditional readers, *In giro per la letteratura* does not often ask detailed questions on plot, character, rhyming words, or decor, nor more sophisticated or technical questions designed to promote close reading. In part, *Prima di leggere,* by generating preliminary texts and stimulating curiosity, will already have led students to ask their own questions. Thus the text is left open for you to teach as you see fit. With a class that is struggling, however, some summary questions on plot may be desirable. An instructor who enjoys close analysis will find ample latitude for such an approach. However, *In giro per la letteratura* avoids close readings so that students will not get bogged down in details and unfamiliar vocabulary, thus losing their enthusiasm and spirit of adventure.

The *Domande sulla lettura* section asks students to trace one or more elements in the text—colors, gestures, themes, an emotion, a particular word—or to work with poetic craft on a simple level. For example, the questions about *Qualcosa era successo* are aimed at illuminating how the author establishes the sensation of unease, apprehension, and mounting fear that pervades the story. In the excerpt from *La bottega del caffè*, we ask students to look at the dialogue between Ridolfo and Trappola as a confrontation between ethical and unethical business practices. Such questions force the student to look closely at the text without having to deal with every detail. In the process, the student begins to make connections and to find causal links, similarities, oppositions, and parallels.

These *Domande sulla lettura* can be used for both written and oral work in the same ways as can *Prima di leggere*. At times, it may make sense to ask students to read the questions before they read the text, so that the questions function as a kind of study guide. At other times, the question may simply serve as guides for class discussion, small-group work or even short oral presentations. We urge instructors not to grade students' work at this stage; these questions and exercises should serve primarily as "raw material" for classroom work.

One of the potentially most exciting aspects of these exercises is their relationship to *Prima di leggere*. By looking at the two sets of replies, and by comparing their own treatments of the situation with the writer's, students will often be surprised—either by the accuracy of their anticipation or by the gap between their version and the author's. Such comparisons can lead to very stimulating discussion.

Dopo aver letto

The activities in *Dopo aver letto* come closest to traditional exercises and compositions: students are expected to write a formal paper for which they will receive a grade, and the topics bring together knowledge acquired throughout the previous sections. *After* having experienced the immediacy of writing and then of reading the literary text, students have the option of thinking and writing about the text in a creative and/or conventionally critical way. This writing emphasizes imagination (rewriting and creating texts) as much as critical reading.

But there the similarities end. The exercises in *Dopo aver letto* consist of:

1. *Imitations.* These activities ask students to use the literary text as a model, and to imitate it by rewriting it in a different context. For example, after reading the sonnet by Petrarca, students are asked to invent Laura's response to the poet. After working on an advertisement, they are asked to create and explain their own ad. After reading a screenplay, they are asked to write their own, set in their own environment. These imitations provide continuity with *Prima di leggere*, as the student is once again cast in the role of author.

2. *Commentaries.* These activities involve questions that the student might encounter in an introductory literature course, varying from a thematic treatment of a poem to an essay on the metaphors in a story. These commentaries provide continuity with the *Domande sulla lettura*, because the student is typically asked to trace the development of a theme or effect through the text. The student is no longer functioning as an author, but must remain close to the text in order to follow the author's construction of the work. In some cases, the student is being encouraged to adopt the role of literary critic.

Grading of these imitations and commentaries will depend on the nature of the course and your grading philosophy. If the main thrust of the course is mastery of the Italian language, you may decide to grade students only on their use of language. In such cases, written comments might point out weak arguments, misunderstandings, and interpretive errors; however, the grade would depend primarily on the quality of the Italian. Or you may wish to reward, above all, students' reactions to the text—whether in the form of an imaginative imitation or a personal interpretation. In such cases, language errors would be pointed out (and perhaps corrected in a rewrite); however, the grade would reflect primarily how well the student responded to the text. Whatever approach you adopt, *Dopo aver letto* is the stage at which it is most appropriate to grade students' work.

Class Organization

Each chapter is intended to be taught over several class days. We recommend this approach for the following reasons:

1. Reading should not be cut off from other phases of language learning. Designat- ing a "literature day" assigns to reading and literature a status as something other than an integral part of language learning.

2. By working with literary and paraliterary texts on a regular basis, students will be led to integrate the different components of their grammar and vocabulary acquisi- tion. At the same time, grammar and vocabulary encountered in these texts will prepare students for new language acquisition.

3. Playing with words in the *Prima di leggere* section will train students to use their skills in new, unexpected, and spontaneous ways. This training is best acquired if it is done regularly and is not influenced immediately by the literary model. If students were asked to do the *Prima di leggere* exercises and the reading on the same day, they would be more likely to read the text to "find the answer."

4. The concept of student as writer demands that students learn to approach texts in an active frame of mind. They can acquire this attitude if they work on *Prima di leggere* a day or two before they read the text. It is important that there be class discussion of the *Prima di leggere* exercises so that they will have expectations, suspicions, and questions about the text before actually reading it.

Three formats for working on a particular selection are described below. These are only suggestions; in some cases the work of two days could be condensed into one, depending on the nature of the class, the students' ability, and the number of selections you want to cover during the semester.

Variation I

Day 1: Do one of the *Prima di leggere* exercises orally in class. You might want to revise the exercise for oral presentation or expand some parts of it. Assign one or two more *Prima di leggere* exercises as written homework. If there are too many exercises, split the class into two groups and divide the assignment. (5–10 minutes)

Day 2: In small groups or with the entire class, have students read their homework or contribute ideas to a group effort. If time is short, do a quick summary of the work done by calling on a few students, and collect the exercises to see what patterns and ideas emerge for discussion the next day. Correcting the Italian is optional. Assign the literary text for the next class. (15–20 minutes)

Day 3: Read the text (or passages) aloud with students and do some or all of the *Domande sulla lettura*. You might want students to answer some or all in writing, either in class or as homework from the previous day. Assign written homework from the *Dopo aver letto* section. (20–40 minutes)

Day 4: Collect written work.

Day 5: Return written work with corrections, comments, and grades. Read one or two of the more original ones to the class or in small groups; have students exchange ideas in their work and their own comments on their writing process as they worked through the chapter. (5–10 minutes)

Variation II (for a stronger class)

Day 1: Present the *Prima di leggere* exercises and assign them as written homework.

Day 2: Work extensively on *Prima di leggere* and have groups of students construct an imaginary text as suggested by the exercises. Assign the literary text. (15–20 minutes)

Day 3: Go directly to the *Domande sulla lettura* and *Dopo aver letto*. In small groups or with the entire class, work on some or all of the questions. As homework, assign students to write about one of the topics from *Dopo aver letto* or an aspect of the class discussion. (20–45 minutes)

Day 4: Collect written work.

Day 5: Return written work. Read one or two compositions in class.

Variation III (for a weaker class)

Day 1: Do several of the *Prima di leggere* exercises orally in class. Have students take notes if they wish. Provide ideas and ask yes/no questions when students seem reluctant to speak. Assign the exercises as written homework and encourage students to use the class work as inspiration for their own writings. (15–30 minutes)

Day 2: Collect the written work. Summarize the previous day's work, adding material that will help students read the text. Assign the text as homework. (10 minutes)

Day 3: Study the text together, first replying to students' questions and problems and then asking basic questions about plot, character, setting, thematics, and the like. Assign the *Domande sulla lettura* as written homework and ask students to select a writing topic from *Dopo aver letto* by the next class. (15–20 minutes)

Day 4: Work on questions in *Domande sulla lettura*, queries raised by students, and *Dopo aver letto*. Have students take notes. Assign part of the work done in class as the composition. (15–20 minutes)

Day 5: Collect written work.

Day 6: Return written work. Read one or two of the more outstanding compositions. (5–10 minutes)

Talking, Silence, and Writing

Talking in language classes is typically highly controlled. Questions and topics for dialogues and essays are provided, as are grammatical forms and vocabulary lists. Original literary texts do not provide such shelter from the varieties of linguistic experience. Thus, it is not surprising that some students will feel intimidated and reluctant to use their knowledge to create new situations and play with literature. It is unrealistic to expect all students to shift gracefully from simple sentences to more complicated paragraphs and from straightforward language to plays on words. Moments of silence and hesitancy are normal while doing exercises orally.

This apparent problem can become one of the strengths of the course. Although some pedagogical theories assert that the teacher should talk as little as possible in class, a great deal of time is spent listening when one is in Italy studying Italian—listening to the radio, television, and movies, eavesdropping in cafés, listening to people tell stories or explain political views. If students lack words and/or confidence, you can talk or encourage the better students to talk while the weaker ones listen and increase their aural comprehension. Here are some suggestions for exploiting this aspect of the class:

1. List key vocabulary words on the board. Devote time regularly to expanding on the glosses on a text (e.g., creating a family of related words around a glossed word or phrase) in order to increase students' vocabulary.

2. Have students summarize (as homework) material they have listened to in class, including classmates' interventions and queries. The following day, ask students to present, without reference to their notes and written work, highlights of the previous day.

3. Encourage students to provide fragments of responses—replies to yes/no questions, words, or phrases applicable to specific exercises in a chapter. You can build on these fragments and, as short answers accumulate, rework them into a series of sentences. At the end of class, give a summary and ask students to write it up for the next day.

4. Have students listen to a summary of a story or a reading of a poem or scene from a play. Ask them to summarize immediately and again the next day.

Classes and individual students vary greatly in ability and personality; nevertheless, there are numerous ways to take advantage of the texts and the exercises to improve basic skills.

Why *In giro per la letteratura*?

In this section, we have tried to anticipate your questions about *In giro per la letteratura*. In answering these hypothetical questions, we hope both to respond to your concerns and to underline the difference between our book and other Italian second-year readers.

Why is *In giro per la letteratura* published in workbook format?

We would like students literally to write *around* literary texts. By incorporating the readings into the written exercises, we are urging students to overcome the feeling that literature is distant, untouchable, and "sacred." Juxtaposing writing and reading gives students a more immediate sense of the intimate relationship between writing and reading, between their own texts and those of the authors presented in the book.

The book encourages students to play with words by creating their own short dialogues, situations, or poems and comparing them with Italian literary texts. Such preliminary exercises give students practice in developing descriptive, narrative, and expository writing skills. This strategy is also intended to dispel students' inhibitions about approaching literature, especially in a foreign language.

How does *In giro per la letteratura* differ from other Italian second-year textbooks?

In giro per la letteratura is an *interactive* text designed to introduce students to the historical richness and cultural diversity of Italian literary language. We have included texts dating from the medieval period to the present as well as a variety of genres and linguistic registers, styles, and idioms. Cultural topics include the role of the mass media, immigration, racism, women's position in society, environmental issues, and gastronomy. In short, we introduce sophisticated vocabulary, structures, and content to encourage more "real" conversation and to show that correct "learned" Italian is not exclusively a literary phenomenon or monopoly.

In giro per la letteratura emphasizes the vital interplay between writing and reading. It uses language to guide students to an appreciation of literature (instead of using literature as an aid to language study).

Why is popular culture included in a literary reader?

Comedians, stage performers, singers, librettists and columnists are all artists, whose art is derived from a genius with words. And all are representative of modern Italian culture and modern standard Italian as it is spoken and understood.

We include artifacts of popular culture not only to provoke student discussion but also to suggest that literary analysis applies to everyday life. We present these texts for their value in teaching basic literary analysis, with an acute awareness of the importance of giving students the critical skills they need to understand and appreciate the continually evolving variety of "Italians."

Why are advertisements included?

Advertisements draw on artistic techniques. Their language is connotative, and they use poetic techniques (repetition, parallelism, oppositions, etc.) to communicate a succinct message. Students feel at ease with advertisements, and they are often amazed to discover how much artifice goes into such apparently "natural" texts.

Advertisements also provide ready openings to other sign systems. Because most ads convey much of their message pictorially, they permit students to play with the visual and with the relationship between image and word. In addition, advertisements are a rich source of cultural information. We have chosen ads to highlight some basic similarities and differences between Italian-speaking culture and English-speaking cultures. Those for food products show the significance of mealtimes for Italians and awareness of the importance of balanced nutrition; the beverage ads incorporate sexuality in ways that differ from American advertising for comparable products. Other ads address the environmental and political issues that are very topical in both Italy and the United States.

Why do we include film and screenplays?

Film has always been considered an art form as well as a form of entertainment in Italian culture. We include film to bridge the gap between the visual and the written, and to further emphasize that the literary permeates everyday life. Both the scripts and the still are highly suggestive and call on the viewer to synthesize, imagine, and interpret.

Why is there no glossary?

There are two reasons for not including an end vocabulary. First, in providing extensive glosses for each text, we have addressed each text in isolation—that is, we have not assumed that students reading a given text have studied all the texts that precede it. Thus the same word may be glossed in several texts. Second, we believe it is essential that students learn how to use the dictionary efficiently. We urge instructors to point out the discussion of dictionary use in *To the Student* on pp. viii–x) and to take every opportunity to point out the hazards of looking up words carelessly.

Why are there questions in the book that many students can't answer?

All too often, questions in grammar and literature books are aimed at the lowest common denominator. As a result, the better students are bored if not insulted. Our intention is to challenge *all* types of students *and* teachers—to provide something for everyone.

Moreover, classes vary in interest and attentiveness from day to day and from year to year. Questions and approaches that work well with one class can meet with a deadly silence the next time. Thus, our questions vary in difficulty and in approach. Teachers can concentrate on those questions that the class seems ready to handle; there is no need to "cover" all the questions and activities.

Why are some of the questions very general?

If questions are always very specific, students tend to respond mechanically and both teacher and student are denied the pleasure of exploring, discussing, speculating, and debating answers. At times, general questions can be disquieting, for they demand more participation by teacher and students. Feel free to use our questions as a starting point; you can modify them, elaborate on them, or even disagree with them.

In giro per la letteratura is designed to appeal to the imagination and creativity of teacher and student alike. We hope that, by creating a framework that promotes freedom and flexibility, we have helped restore literature to an important place in the enterprise of learning Italian.

The Resource Kit

The transparency program

The transparency collection consists of advertisements, including reproductions of photos in the book and a supplementary advertisement. The extra transparency is provided for purposes of collective analysis in class.

Text Illustrations

The illustrations are designed to be an integral part of the readings and exercises. Some exercises ask students to write about one of the illustrations. Other illustrations, such as portraits of authors and scenes of everyday life, have no accompanying questions, but we encourage you to integrate them into discussion or written work. A few ideas:

1. Have students invent stories relating what they see in the photograph to the topic of the chapter.

2. For an author's portrait, ask them to describe the person they see.

3. Have students describe the social and spatial relationships between young and old in the photograph that accompanies Fo and Rame's *Il problema dei vecchi*.

4. Ask them to imagine the relationship between the central figure and the other women in the painting accompanying the Guglielminetti poem.

Teaching Tips

This section offers suggestions that may help you choose, utilize, and group selections.

Capitolo preliminare: Uno, due, tre... via!

This introduction is designed to initiate students into basic reading processes by giving them a feeling for how to play/work with language and texts. You may choose not to do all the exercises in the section. If you pick and choose, though, you may select examples of the three types of exercises: word play, making connections, and creative writing. It is best to start with one or two of the simple word games as in-class exercises and then to assign two or three others as homework. If you have time to work more systematically through the *Capitolo preliminare,* you may wish to follow a progression from words (meaning and sound) to connecting words (associations) to connecting groups of words. These exercises employ four relationships fundamental to reading rhetorically: part/whole, causality, similarity, and opposition.

As preparation for the exercises, you may wish to give students a list of the verbs (and their English equivalents) most frequently used in the imperative in the directions: for instance, *sviluppare, cerchiare, tracciare, elencare, confrontare, esporre, elaborare, estrapolare,* and *indagare.*

The biographical introductions may also be integrated with certain themes or exercises, or even used to conclude your work on a chapter.

A note on the glosses:

The glosses of readings have intentionally been treated so as to expand students' vocabularies and grammatical awareness: gender and number of glossed nouns are not provided, and verbs are usually glossed only in their infinitive form, leaving it to the student to identify the form in the text. We have used standard abbreviations such as *p. remoto* for *passato remoto* to accustom students to seeing such abbreviations. Furthermore, we occasionally use an Italian synonym when the student is likely to understand a gloss in Italian.

Due filastrocche

The exercises on "Sospiri" include a review of the conditional and, implicitly, the imperfect subjunctive to help students prepare for exercises about hypothetical situations. Have students listen to and analyze the verbs in the Cecco Angiolieri poem included as part of the tape program. This will help imprint this sequence of tenses on their memories. You should encourage the mastery of these forms in as many verbs as possible to facilitate work in later exercises and an easy familiarity with a sequence of forms and semantics which are being undermined by incorrect spoken usage.

The sequence of exercises on "L'accento sull'A" is typical of the entire book: students are asked to manipulate a controlled model before doing more creative writing. They are also introduced to specific literary characteristics, such as rhyme and apostrophe, exemplified in a very simple text. The questions following the text ask them to do some elementary textual analysis and then to retell the story.

Make sure students are familiar with the meaning of *una filastrocca*.

Due poesie

The format here is also typical of many chapters: students are asked to write creatively about a text-related situation before doing basic analysis prompted by questions on the text. Finally, they write their own version of the text, a brief critical commentary or a sequel to the text.

You may not want to use all the questions on linguistics and poetics. We offer two open-ended writing topics for each poem, so that students may choose but will not be overwhelmed by choices when they first use the book. For "Sereno," you may wish to suggest other dangerous situations, such as travelling at high speed or climbing a mountain. You might ask students to read their short poems to their classmates, who in turn transcribe what they hear and try to guess the length of each line.

Sulla spiaggia di Ostia

Refer to the illustration as a way of initiating conversation about the situation in the story. Encourage students to address, in speaking or in writing, the fantastical element in the text. This is also the first occasion you will have to address the issue of regional variations in pronunciation of standard Italian, accent, and dialect.

Viva l'Italia

Work with students on learning new verbs by expanding on words in the *Vocabolario utile*, such as *fiorita: fiorire*, and *corruzione: corrompere*. As part of the *Prima di leggere* exercises, have students listen to the taped version of the song.

Bestie

Tell students that Tozzi's vocabulary is highly precise and descriptive but somewhat outmoded. Have students provide synonyms for some of the unusual vocabulary. This chapter provides opportunities to create and analyze caricature, which should be enjoyable for students.

Pubblicità I and II: Gli Italiani a tavola and Cin cin!

We assume that students will work first with the photos in the book and that the color transparencies will be used after students have acquired a basic familiarity with the ads. However, most of the exercises for the ads can be done either with the photos in the book or the color transparencies.

Since some questions on the advertisements for beverages address the use of color and ask students to work with basic color symbolism, good class discussion can be stimulated by asking students for comparisons between the photos and the slides.

To stimulate further discussion and comparisons, e.g., different approaches to advertising fresh and frozen foods, we have included a supplementary ad on transparency for frozen pasta. Findus is a popular brand of frozen meals including a "gourmet" line created by well-known chefs.

La latteria

Paolo Rossi is a popular stage and TV comedian. You may want to talk to students about the significance of regional dialects and expressions in Italy today. A related topic of interest is the role and function of foreigners and *extracomunitari*—technically, any foreigner residing in Italy who is not from a member country of the European Union. To stimulate discussion of the pros and cons of modernization, perhaps ask students to describe a favorite old haunt—a store or meeting place—that no longer exists today.

Dal medico

For a strong and creative class: have students pair up to write a dialogue like the one between doctor and patient, preserving their personalities, the strange tenor of their comments to each other, and the abnormal happenings. Then ask the students to perform them for the class.

Canzone: Cantiamo tutti la stessa canzone

This song provides a context for discussion of the *cantautore/cantautrice* profession and the folk-music tradition. It also introduces an Italian twist on the notion of multiculturalism. This chapter could be handily linked to others that touch on issues of immigration, internal and external, such as the texts by Paolo Rossi and Pier Paolo Pasolini. Have students listen to the song before they read and analyze the text.

Le scarpe rotte

This story is a reminiscence of World War Two, an event still vivid in Italians' collective memory. Exercises A and B may help students imagine a situation in which their loyalties and affections are severely tested. Contemporary events may be of use in extending discussion beyond the historical context of the story.

Tutto merito delle donne se siamo diventati pacifici

The subject of this newspaper column might tie in nicely with other texts that touch on sexual difference and violence (texts by Colonna, Guglielminetti, Morante). The piece adopts a very different tone from the imaginative writing that precedes it; help students note the rhetorical ploys the author puts at the service of the topic. You might want to discuss the topic of Exercise H with your students before assigning it. Connections can be made with utopian literature and other examples of 'gynocracies.'

Il Novellino: tre testi del Medioevo

Some preliminary discussion of the artwork in this chapter might warm students up to the medieval atmosphere. Note that the review of the *passato remoto* is essential to mastery of the stories.

Pace non trovo e non ho da far guerra

You may want to challenge students to discuss the different views of love between men and women implied in this sonnet and in the story of Lancelot and the Lady of Shalott in the previous chapter.

The cassette includes the poem "Poesia facile" by Dino Campana, a modern version of this sonnet, which begins "Pace non cerco, guerra non sopporto." Its echoes of Petrarch could be the starting-point for a comparison of the two poems.

La strada

You may choose to show the film, or at least the sequence presented here and perhaps the opening sequence showing how Gelsomina and Zampanò meet. The still photograph is from the first sequence of the film. Consider asking students interested in film history to do a short presentation on another Fellini film. Gelsomina and Zampanò's relationship could generate lively discussion of cultural assumptions about gender.

Do your movie yourself

If some students do not find this piece funny, use their reactions to stimulate discussion of the subjective dimension of humor: why does one person laugh at something that another person does not find humorous?

Commedia: Il problema dei vecchi

This type of satire may be difficult for students to grasp on first reading. This one-act play might be an excellent text to read aloud by assigning a part to each (willing) student. The need to pay attention to line delivery will help convey the tone more clearly. This piece also provides an occasion for discussion of the influence of television and other media in our lives. Teachers familiar with the organization and nature of television broadcasting in Italy may want to describe it. You could even view some Italian television (if available) with the students.

Qualcosa era successo

This story presents two major challenges for the student. The first is vocabulary. Many words in this text will be new to the students. Time spent applying the hints in the *To the student* section will help students appreciate the text more. The second difficulty is of a literary nature. Students will need help pinpointing the aspects of the story that create the sensations of disquiet, suspicion, and foreboding, hallmarks of much of Buzzati's prose. You might find an occasion to point out the pertinence to this story of the theme of our book, *andare in giro per la letteratura*. With help, students will come to appreciate the power of the imagination in the context of a journey.

L'opera lirica: Madamina, il catalogo è questo...

Many students are likely to be unfamiliar with opera or resistant to it. A brief account of the history of opera as an outgrowth of *melodramma*—that is, *dramma cantato*—may help them over the initial hurdle. Linking opera to the broader popular-music tradition in Italy—since opera has always had profound popular appeal in Italian culture—may make students more receptive.

The topic of this opera will allow for discussion of a persistent cultural stereotype: the Mediterranean male as "latin lover." Students can thus learn about the literary origins of one version of this stereotype while encountering the adaptation of poetic language to music. Joseph Losey's film "Don Giovanni," set in Venice and the Veneto, would be an interesting complement to this chapter, helping students appreciate the languages of music, poetry, and gesture in combination.

Love sonnet: Vivo su questo scoglio orrido e solo...

Students will be familiar with the mechanics of the sonnet if they studied the Petrarchan example earlier in the book. In fact, Exercise I requires such prior knowledge. A brief summary of the characteristics commonly called 'petrarchan' will enhance appreciation of this sonnet and perhaps encourage motivated students to explore this literary tradition.

I costruttori di ponti

This story introduces an ecological theme embedded in a fantastical narrative. Exercise B addresses the use of onomatopoeia in prose and provides a context for playful discovery of the verbal rendition of sound in another language. This exercise can be extended to include more sounds, such as those of animals, natural occurrences, human interjections, etc.

Mania di solitudine

This is an excellent lyrical context for comparing interior and exterior spaces and the emotions associated with each of them. It may be difficult for some students to identify with the poet's intense desire for solitude. You might ask them to write about other "escapes from reality" that they prefer.

Itinerario gastronomia

This is an anomalous chapter in that its language is not intrinsically noteworthy. The style is typical of touristic reportage. The content, though, will teach students how to read a map in Italian, describe an itinerary, and give directions. It will also provide teachers and students with a pleasant cultural interlude involving the language of food. This reading could represent an occasion to investigate other regional cuisines and itineraries.

Giornalismo: La prima pagina

Students should be introduced to the notion of professional vocabularies and encouraged to note the applicability of much of the newspaper vocabulary to other contexts, such as sports and business. The content of this particular choice may seem irrelevant, but elections do occur with regularity in both Italy and the U.S., so the specific references can be updated with comparisons between now and then. This chapter requires some homework on the teacher's part (particularly in preparing guidance for Exercises C and G), and willingness to challenge stereotypes about political stability/instability when comparing political systems.

L'anno che verrà

The content of this song can be linked to the material of the preceding chapter and the De Gregori song "Viva l'Italia."

Ma era l'Italia nuda e formicolante

This chapter can give rise to exploration of students' political awareness and class consciousness. You may want to summarize briefly the history of modern Italian politics, using Pasolini's position as a point of reference.

Il flauto nel bosco

You could ask students to compare the emotional effect of the silent music in this story with the effect on them of the actual melodies they hear in the songs by Dalla, De Gregori, and De Sio, and in the Mozart aria.

La bottega del caffè

You may want to point out the differences between the commedia dell'arte style and Goldoni's theater, and/or dialectal differences from standard Italian. This text offers an opportunity for theatrics in class, with two students presenting a portion of the dialogue, and for discussion of business ethics and personal morality. For a stronger class: talk about the difference between a comedy of manners and a comedy that emphasizes characters or situation. Ask students if they agree that the bottega itself is a character in the play.

Il lotto

A familiarity with the culture of lotteries—particularly the social and political implications of institutionalized lotteries—will help make this chapter more accessible. Students may need help placing and assessing the highly rhetorical language of Serao's piece, which reflects specific economic and social conditions of late nineteenth-century urban culture.

Pubblicità III: Pubblicità d'impegno politico e sociale

Students should be encouraged to refer to both the black-and-white photos and the color transparencies as they compose answers to the exercises; the presence or absence of color has a bearing on the message being communicated (see exercises

C2 and G). The WWF advertisement addresses a social shift of great importance. The breakdown of the code of *omertà*, the growing number of witnesses turning state's evidence, the advent of a witness-protection program, and citizens' groups to fight extortion all indicate a changing attitude toward toleration of the mafia. Students should be guided in assessing the influence of attitudes and images on our notions of culture.

L'ora di Barga and La mia voce

These two difficult poems both use internal/external voice to great effect. You may choose to emphasize the use of sounds in each poem rather than the more demanding critical analysis we suggest for "La mia voce."

Poesie in prosa: Viola chiaro, rosa, argento

Here students are challenged with an effort to render color in words. Students may need special help appreciating the syntactical and grammatical variety of these passages.

La storia: un romanzo

This passage raises questions of historical representation and memory that can be applied to contemporary events: see exercise J. By now students should be aware of the immense importance of recollection and memory in the formulation of much imaginative prose. Exceptionally, this excerpt is a sample of the prose of a novel-length text.

This chapter also calls for a viewing of Rossellini's "Roma: città aperta" and could offer the occasion for a closer look at the city of Rome past and present.

Elogio del nostro tempo

As we approach the end of the second millenium, ask students to look back and speculate on what "our times" will be remembered for in art and literature, politic, civil rights, economics, social justice, arms control, or other areas of your own choice.

Dal terrazzo

Attention to detail and the conclusions one can draw from close observation seem a suitable focus for the last chapter. We hope students will have learned to look closely at the surface and below the surface as they continue to read literature.

In giro
per la letteratura

SCRIVERE E LEGGERE NEI CORSI INTERMEDI D'ITALIANO

Kenneth Berri ▪ Elisabeth Lee Giansiracusa

HH **Heinle & Heinle Publishers**
Boston, Massachusetts 02116 U.S.A

I(T)P **An International Thomson Company**

New York ▪ London ▪ Bonn ▪ Boston ▪ Detroit ▪ Madrid ▪ Melbourne ▪ Mexico City ▪ Paris
Singapore ▪ Tokyo ▪ Toronto ▪ Washington ▪ Albany NY ▪ Belmont CA ▪ Cincinnati OH

The publication of *In giro per la letteratura* was directed by the members of the
Heinle & Heinle College Spanish and Italian Team:

Elvira Swender, Editorial Director
Gilberte Vert, Production Services Coordinator
Amy Terrell, Marketing Development Director

Also participating in the publication of this program were:

Publisher: Vince Duggan
Assistant Editor: George Lang
Project Manager: Angela Castro
Copyeditor: Ann Goodsell
Compositor: Publication Services, Inc.
Interior Designer: Publication Services, Inc.
Cover Artist: Michael "Misha" Lenn
Cover Designer: Dina Barsky
Illustrator: Michael "Misha" Lenn

Manufactured in the United States of America

ISBN   0-8384-4968-9 (student text)
       0-8384-4969-7 (IAE)

10 9 8 7 6 5 4 3 2 1

Indice delle materie

Preface

Literature is language (. . .) but it is language around which we have drawn a frame, a frame that indicates a decision to regard with a particular self-consciousness the resources language has always possessed.

Stanley E. Fish

In recent years, the emphasis in language learning has swung over to oral skills. Despite advances in applied linguistics and the pedagogy of foreign-language teaching, the introduction of literature in second-year language courses is still often avoided, neglected, or resisted. The oral-proficiency movement often excludes the study of literature or reserves it for very advanced intermediate or upper-division students. Such strategies widen the gap between language and literature, which we seek to narrow and to bridge with *In giro per la letteratura*.

As an introduction to writing and reading in Italian, we intend our book to be an intellectually and creatively stimulating alternative to the literary readers currently available for use in intermediate Italian courses. Our intention is for students to acquire familiarity with the close reading and playful writing that precedes a more systematic introduction to literary analysis. Basic inquisitive reading skills and clarity of written expression are valued here more than refined critical reading and analytic writing skills. Use of our textbook will serve to increase students' mastery in understanding, speaking, reading, and writing Italian, the four basic skills in intermediate language proficiency. The texts are mainly sources for playing with and writing different types of language; their presentation is designed to enable students to integrate vocabulary and grammar in new contexts, and to integrate the study of literature firmly into the intermediate Italian language program. Using this approach, the student will enjoyably reconstruct the process of literary creation.

We do not artificially separate reading from writing (nor from listening and speaking, for that matter). Every text is preceded by writing exercises (*Prima di leggere*) designed to cast the students in the role of author; these exercises ask the students to think, write, and talk about a situation they will encounter in the text, and to work/play with many of the words in the text. Every text is followed by a set of writing activities (*Dopo aver letto*) that give students the chance to write either about or around what they have read. This writing emphasizes imagination as much as critical reading. Reading and writing thus become complementary activities, linked by the notion of working and playing with words.

The questions that accompany the texts differ from those usually found in intermediate readers. Although the book does have a secondary aim of teaching students to read critically, it is not meant as a systematic introduction to literary analysis. However, we do feel it is important to introduce students at this level to some of the general vocabulary of poetics, genre, and literary criticism.

We have attempted to broaden the traditional notion of literature so as to erase the barrier between everyday life and "high culture" that the academic distinction between language and literature tends to reinforce. The definition of "paraliterary" in this book extends beyond the traditional canon to include advertisements, journalism, popular theatre, film, song, and opera. Through their use of language and their dependence on formal conventions, these works join with traditional «literary» texts to enrich students' knowledge of Italian language and culture.

To the Student

As a child, you probably had contact with literature in the form of fairy tales, children's stories, lullabies, comic books, myths, and legends. You may have continued to read literature—adventure tales, mystery stories, classics—or you may have switched to magazines, textbooks, and technical papers. Whatever your situation, you face two challenges as you begin to read literature in Italian: the first involves vocabulary, and the second the text itself.

Dealing With Words You Don't Know

You have only been studying Italian for a short time. As a result, there are countless Italian words you have never seen before, and many of these words appear in literary texts. For example, in the following passage—the first few paragraphs of "La carriola," a short story by Luigi Pirandello—there are probably 15 words that are new to you:

Quand'ho qualcuno attorno, non la guardo mai; ma sento che mi guarda lei, mi guarda senza staccarmi un momento gli occhi d'addosso.

Vorrei farle intendere, a quattr'occhi, che non è nulla; che stia tranquilla; che non potevo permettermi con altri questo breve atto, che per lei non ha alcuna importanza e per me è tutto. Lo compio ogni giorno al momento opportuno, nel massimo segreto, con spaventosa gioia, perché vi assaporo, tremando, la voluttà d'una divina, cosciente follia, che per un attimo mi libera e mi vendica di tutto. Dovevo essere sicuro (e la sicurezza mi parve di poterla avere solamente con lei) che questo mio atto non fosse scoperto. Giacché, se scoperto, il danno che ne verrebbe, e non soltanto a me, sarebbe incalcolabile. Sarei un uomo finito. Forse m'acchiapperebbero, me legherebbero e mi trascinerebbero, atterriti, in un ospizio di matti.

Il terrore da cui tutti sarebbero presi, se questo mio atto fosse scoperto, ecco, lo leggo ora negli occhi della mia vittima.

While you probably have a general sense of what the excerpt is about, you miss important details because of this gap between your vocabulary and the author's. In casual reading, even in our native language, we often just continue, accepting our imperfect grasp of detail. When reading literature closely, however, details are important. The temptation is thus to turn to the dictionary and look up, one by one, all the words we don't know. Certainly, dictionaries are essential when reading literature. However, it may not be necessary to consult the dictionary for every word you don't know; and using a bilingual dictionary does require certain skills. Here are some suggestions about what do do *before* opening the dictionary, and then about how to use an Italian–English dictionary.

1. Begin by using what you know. An obvious first step is to look for cognates—words that are similar in the two languages. In the Pirandello passage, words such as *tranquilla, permettermi, importanza, opportuno, segreto, divina,* and *terrore* should pose no problems for English-speakers. With a little imagination, words such as *breve, gioia, follia, mi vendica, sicurezza, incalcolabile,* and *vittima* could be added to the list. A second category of "familiar unfamiliar words" are those that belong to the same families as words you know. Augment your intuition with some basic rules of Italian word formation that you will have learned in beginning Italian. For example, if you know the word *attaccare,* the *staccare* of *staccarmi* is easily recognizable.

2. Guess intelligently from the context. If you have a feel for the general topic of the passage, it may be possible to deduce the meanings of certain words. The narrator is describing an act that *"per un attimo mi libera e mi vendica di tutto."* When you ask yourself what effect this action has on him, you would probably be able to answer readily that it is brief, private, secret, yet so important as to be 'self-liberating' and 'self-vindicating'. Similarly, when the narrator maintains that his behavior, if discovered, would ruin him—*"Sarei un uomo finito"*—and then lists a series of actions leading to *un ospizio di matti,* you might guess that he fears ending up in a prison or hospital. In fact, close attention to tone and familiar vocabulary will probably lead you to conclude that the narrator thinks or even knows there is something crazy, rather than criminal, about his behavior. This coupled with the similarity between *ospizio* and *hospice* would suggest sickness rather than crime.

Let's consider another type of linguistic challenge: phrases that test your ability to extrapolate the metaphorical from the literal. The phrase *a quattr'occhi* means, literally, "at four eyes." With some imagination, you might guess that 'at four eyes' refers to two people facing each other at close range, i.e., privately.

3. Exercise judgment when using the dictionary. For example, you will probably find one definition for *spaventoso*: scary. On the other hand, if you look up *danno,* you will find that it can mean *loss, damage,* or *harm.* Perhaps only one of the alternatives will work well in context. But you may find that, with further reading, more than one could apply and, hence, give you more information to use in interpreting the story. In some cases, grammatical considerations come into play. Consider the phrase *"Vorrei farle intendere, a quattr'occhi ... ."* You may know the verb *intendere,* but how does its meaning change in combination with the verb *fare*? You'll need to consider consulting the verb phrases listed under *fare* and persist until you find the definition you need! In short, when you do go to the trouble of looking up a word, be thorough in your search and then check your meaning against the context.

Of course, these three skills—recognizing cognates and word families, guessing from context, and using a dictionary—complement each other. The more you read, the more skilled you will become at combining these approaches to understand more words and expressions in less time.

Completing the Text

The second challenge of literature involves the nature of literary texts themselves. We often tend to read passively; that is, we concentrate mainly on acquiring information from the text. When reading literature, however, we need to read actively; to bring information to the text. We have always done this; it would be impossible to read even the simplest children's story without making some connections and associations that the author has only suggested. However, the more difficult the text, the more systematic must be our efforts to connect and to assess.

Let's return to the opening paragraphs of "La carriola." As readers, we make several associations that are rather simple. From the first sentence, we know there is an intense relationship between the narrator and his "victim," even though we do not know the nature of that relationship. Note the repetition of *mi guarda..., mi guarda*. Similarly, the narrator's statement that he would be *un uomo finito* if his actions were discovered indicates (even considering possible exaggeration) that we must evaluate carefully the information we gather from this character. He is responsible, by his own admission, for some questionable action. Other conclusions are more subtle. For example, we are presented no physical locale in which to imagine the action (is this all in the narrator's mind?) and no specification of time. (We begin in the present, but learn that the activity has been going on and will go on, at risk, for some time.) The subjectivity of the narration (How reliable is the narrator, who is, after all, the "perpetrator" of the action?) and the anonymity of the "victim" (Who is this *lei*?) might lead you to attribute disquiet, psychological intensity, perhaps even disintegration to the scene and its narrator. Subsequent paragraphs, offering material for more connections and associations, will either confirm or throw into question these initial hypotheses. However, meanings come into play only to the extent that you participate actively in the reading process. In fact, we discover later in the story that *lei* is the narrator's dog, with whom he plays "wheelbarrow."

In a sense, the reader must "write" the text along with the author. Just as the author (re)reads as s/he writes, the reader writes as s/he reads. For this reason we have structured *In giro per la letteratura* to emphasize the fundamental interrelationship between writing and reading. Each literary selection is presented to you within a three-part structure. The pre-reading section (*Prima di leggere*) offers you a chance to write before you read. This process allows you to explore what you bring to the text (what you already know, feel, and think about the subject) and at the same time to become familiar with the vocabulary you will need. The second section (*La lettura* and *Domande sulla lettura*) presents the text and points you toward some of the connections and associations you might make. Finally, the post-reading section (*Dopo aver letto*) asks you to write again. This time you have the opportunity to interpret the text or to use your imagination to create a similar text. We hope that this continual interplay between writing and reading will help dissolve whatever inhibitions or fears you may have and lead you to make reading literature a "prime-time" activity.

A General Note on Stereotypes

We encourage you to challenge on every possible occasion cultural stereotyping. We have attempted to frame questions in a manner that will elicit discussion and questioning of the origins and validity of many stereotypes about Italians and Italian culture. Therefore, we ask you not to jump to the conclusion that our questions reinforce the more pernicious stereotypes. Topics such as the mafia and its connections to the political and business classes, the diffusion of kickback-style corruption (*Tangentopoli*), the nature of Italian feminism, legal lacunae and cultural practices relating to violence against women and children, immigration, and integration are very topical in contemporary Italy. Just as these topics are being debated and addressed in Italy, we have tried to incorporate them in our choice of texts and questions.

Acknowledgments

The impetus to produce *In giro per la letteratura* owes much to positive and inspirational teaching experience with *Autour de la littérature*. Therefore, we would like to extend special thanks to Peter Schofer and Donald Rice for their initial and sustained encouragement to carry out our project. The list of colleagues, readers, and resource persons who have shared helpful information and given welcome support were many and we hope our appreciation has been clear. We would like, though, to make a particular point of thanking:

Paola Rondinelli for her thorough and professional editing, cultural feedback
Kim Campisano for her creative photography
John Julius Reich for his generous advice on the 'perils' of publishing
Maria Miccio and Paola Evangelisti for sharing their knowledge of dialectal usage
Carmela Merola for provocative discussions on pedagogical method
Mario Marchiaro for his resourceful help tracking down lyrics
Paul Heidt for film consultancy
Janet Greenberg for her constant support and friendship since our Berkeley days when we first gained invaluable experience in foreign language teaching

We would also like to thank the reviewers of *In giro per la letteratura:*
Walter Blue, Hamline University
Flavia Brizio, University of Tennessee, Knoxville
Cecilia Mameli, Pennsylvania State University
Barbara J. Mangione, Notre Dame University
Luigi Monga, Vanderbilt University
Frank Nuessel, University of Louisville
Brian O'Connor, Boston College
Laura Raffo, Boston University
Victor Santi, University of New Orleans
Gerald C. Volpe, University of Massachusetts, Boston

There have been many moments when deadlines seemed impossible to meet and spirits flagged accordingly. We are indebted to many people at Heinle and Heinle Publishers—from the editorial staff to the production team—for their help in realizing this project over many years. Our most heart thanks go to our families and closest friends for their enthusiasm, understanding, support, and patience—to Jack and Sandy; to Vanya, Eve Selamawit, and Simon Melaku.

And finally, we would like to thank each other for the spirit of cooperation and perseverance that has enabled us to complete this 'bi-continental' project and remain 'the best of friends.'

Photo Credits

All photographs by Kimberley A. Campisano unless otherwise noted. **p. 90:** A. Piatti. From Federico Fellini *La strada*. Copyright © by Diogenes Verlag AG Zurich **p. 129:** Engraving of Vittoria Colonna. Istituto Nazionale per la Grafica. Inventory No. FN7840 **p. 183:** Matilde Serao and niece. Istituto Centrale per il Catalogo e la Dommentazione, Roma. Inventory No. F 36444. **p. 219:** Silvestro Lega, *The Pergola*. Scala/Art Resource, NY.

Permissions

The authors gratefully acknowledge permission to reprint the following:
Chapter 1: "Sospiri" and "L'accento sull'A" from *Filastrocche in cielo e in terra* by Gianni Rodari © 1960, 1972, Edizioni E. Elle s.r.l. **Chapter 2:** "Girovago" and "Sereno" from *Vita d'un uomo. Tutti le poeme a cura di Leme Piccioni* by Giuseppe Ungaretti © 1970, Arnoldo Mondadori Editore. **Chapter 3:** "Sulla spiaggia di Ostia" from *Favole al telefono* by Gianni Rodari © 1983, Edizioni E. Elle s.r.l. **Chapter 4:** "Viva l'Italia" by Francesco de Gregori © 1979, BMG Ariola S.p.A. **Chapter 5:** From pages 30–31 of *Bestie* by Federigo Tozzi © 1987, Edizioni Theoria s.r.l. **Chapter 6:** "La piramide del mangiare sano" and "Con Barilla, mangiare sano è un piacere" © 1992, Barilla G. e R. F.lli S.p.A.; "Datevi all'Ittica" © 1991, Ministero delle Agricole, Alimentari e Forestali, Direzione Generale della Pesca e dell'Acquacoltura, il Direttore Generale; "Arte da guardare. Arte da gustare." © Illycaffè; "'Fior di Succo' la spremuta di Campo dei Fiori" © Campo dei Fiori Burrificio s.r.l. **Chapter 7:** "La latteria" from *Era meglio morire da piccoli?* by Paolo Rossi © 1995, Baldini e Castoldi s.r.l. **Chapter 8:** "Dal medico" from *Opere: romanti, diari, poesie a cura di Renato Barilli* by Cesare Zavattini © 1974, Bompiani Gruppo Editoriale. **Chapter 9:** "Cantiamo tutti la stessa canzone" by Teresa de Sio © Coccodrillo Edizioni Musicali. **Chapter 10:** "Le scarpe rotte" from *Le piccole virtù* by Natalia Ginzburg © 1962, estate of Natalia Ginzburg. **Chapter 11:** "Tutto merito delle donne se siamo diventati pacifici" in *Corriere della Sera* by Francesco Alberoni copyright © 1992. **Chapter 12:** "LXXXII: Qui conta come la damigella di Scalot morì, per amore di Lancialotto del Lac", "LXXXIII: Come Cristo, andando un giorno co' discepoli suoi per un foresto luogo, videro molto grande tesoro", and "XCVII: Qui conta come uno mercantante portò vino oltre mare, in botti a due pàlcora, e come intervenne" from *Il novellino: Libro di novelle e di bel parlar gentile* © 1975, 1987, R.C.S. Libri & Grandi Opere S.p.A. **Chapter 13:** "Pace non trovo, et non ò da far guerra" from *Canzoniere* by Francesco Petrarca © 1974, Giulio Einaudi Editore S.p.A. **Chapter 14:** Federico Fellini *La strada*. Copyright © 1977 by Diogenes Verlag AG Zurich. **Chapter 15:** "Soggetto multiplo per Ermanno Olmi" from *Do your movie yourself* by Umberto Eco © 1963, Casa Editrice Bompiani. **Chapter 16:** "Così Rosso" © Martini & Rossi I.V.L.A.S. S.p.A.; "Campari Soda Sì" © Gruppo Campari S.p.A.; "Atmosfera Capsula Viola n. 14" © Marchesi Antinori S.r.l. **Chapter 17:** "Il problema dei vecchi" by Franca Rame from *Coppia aperta, quasi spalancata* by Dario Fo and Franca Rame © 1991, Giulio Einaudi Editore S.p.A. **Chapter 18:** "Qualcosa era successo" by Dino Buzzati from *Il crollo della Baliverna* © 1954, 1989, Arnoldo Mondadori Editore. **Chapter 21:** "I construttori di ponti" from *Racconti e saggi* by Primo Levi © 1986, Editrice La Stampa S.p.A., Torino. **Chapter 22:** "Mania di solitudine" from *Lavorare stanca* by Cesare Pavese © 1943, Giulio Einaudi Editore S.p.A. **Chapter 23:** "Un prezioso angolo del senese" and "Dolci e Magiche Pozioni" by Efrem Tassinato © 1991, Technice Nuove S.p.A. **Chapter 24:** Prima pagina de *La Repubblica*, martedì, 29 marzo 1994. Copyright © *La Repubblica*. **Chapter 25:** "L'anno che verrà" by Lucio Dalla © 1979, BMG Ariola S.p.A. **Chapter 26:** "Ma era l'Italia nuda e formicolante" by Pier Paolo Pasolini, copyright © 1980, Signora Teresa de Simone Niquesa. **Chapter 27:** "Il flauto nel bosco" by Grazia Deledda from *Romanzi e novelle*, vol. II © 1950, Arnoldo Mondadori Editore. **Chapter 29:** "Il Lotto" from *Il Ventre di Napoli* by Matilde Serao © Adriano Gallina Editore. **Chapter 30:** "L'ambiente è Cosa Nostra" © WWF Italia; "Rappresentanti Verdi" © Pubblimarket-Idea 2/Alliance. **Chapter 31:** "L'ora di Barga" by Giovanni Pascoli © 1977. **Chapter 32:** "Viola chiaro", "Rosa", "Argento" from *Crepacuore* by Monica Sarsini © 1985, All'insegna del pesce d'oro. **Chapter 33:** From pages 508–11 of *La storia: un romanzo* by Elsa Morante © 1974, Agenzia Letteraria Internazionale. **Chapter 34:** "Elogio del nostro tempo" by Eugenio Montale from *Lo specchio, Tutte le poesie* © 1977, Arnoldo Mondadori Editore. **Chapter 35:** "La mia voce" by Amalia Guglielminetti in *The Defiant Muse* © 1986, The Feminist Press. **Chapter 36:** "Dal terrazzo" from *Palomar* by Italo Calvino © 1983, Arnoldo Mondadori Editore.

Note: All reasonable attempts were made to obtain permission from the original copyright holders.

UNO, DUE, TRE... VIA!

«Parole, soltanto parole, parole fra noi,
Parole, parole, parole»

Mina

La letteratura è fatta prima di tutto di parole, come sappiamo tutti. Tuttavia, quando pensiamo alle parole, abbiamo spesso la tendenza di considerarle semplicemente degli strumenti di lavoro e dimentichiamo che gli autori, come noi, possono anche giocare con le parole. Noi perdiamo di vista due concetti fondamentali riguardo alle parole: (1) che le parole non sono dei semplici strumenti con un solo significato chiaro e semplice, ma che hanno vari significati; e (2) che le parole hanno due dimensioni: l'aspetto materiale (le lettere, i suoni) e l'aspetto intellettuale (il significato). Imparare la lingua e leggere la letteratura significa imparare a giocare con le parole—con il significato delle parole, con il suono delle parole e prima di tutto con le associazioni provocate dalle parole. Ecco alcuni esercizi che vi permettono di cominciare a giocare con le parole. Così, potrete prepararvi a leggere e a scrivere dei testi.

A. Il tesoro delle parole

Una parola può contenerne varie altre, come una cassetta che contiene un tesoro (*treasure*). Per incominciare a scoprire la ricchezza delle parole, giochiamo prima a scarto (*take-away*). Il gioco consiste nel togliere (*to remove*) una lettera o una sillaba all'inizio della parola per ottenere un'altra parola di significato diverso. Esempio: l'isola è sola.

1. Adesso completa le frasi seguenti aggiungendo (*adding*) al posto dei puntini la parola ottenuta con lo scarto iniziale di una parola della stessa riga. Non lasciarti prendere dal panico se la frase non ha molto senso o se non ti sembra molto logico: anche il nonsenso può essere divertente.

Gli eventi sono...
... è la luna
I... sono tre
Sono anemici i...
Miei amici sono i...
... il pesce
L'... fa la spesa con la borsa
Il salto è...
Nel fosso mi rompo un...

Ma prima io faccio la...
E quello che è . . . . diventa gastronomico.

La ricerca si può anche fare sotto forma di gara (*contest*): vince chi riesce a trovare, in un tempo stabilito, il maggior numero di coppie di parole di cui una derivi dall'altra per scarto di lettera iniziale.

B. Costruire con le parole: triangoli e trapezi

Ci si può divertire con altre parole facendo successivi scarti di lettere iniziali per costruire delle forme geometriche. Se la riduzione è totale, le parole via via scartate, scritte in colonna, assumono la forma di un triangolo. Così:

amore

more

ore

re

e

Se la riduzione ad un certo punto diventa impossibile, le parole assumono la forma di un trapezio (*trapezoid*). Così:

epoca

poca

oca

Il gioco:
Costruisci triangoli partendo dalle seguenti parole:
amare, dama, iodio, muso, ozio, prosa, scala.
Con le seguenti parole puoi invece costruire trapezi:
eletto, frazione, grosso, opera, pasta, scarpa, storto, trotto.

C. Il senso delle parole

1. Considera i seguenti verbi:
arrabbiarsi   infuriarsi   incollerirsi   irritarsi   scocciarsi
Ciascuno di questi verbi esprime l'idea che non si è contenti. Ma perché ce ne sono tanti? Cerca i cinque verbi in un buon dizionario (italiano-italiano, se possibile) leggendo bene gli esempi che illustrano le definizioni. Poi prova a classificare queste parole, mettendo i verbi in ordine d'intensità di rabbia (*anger*) crescente. Via!

2. Adesso racconta delle storielle che illustrano chiaramente il senso preciso di due di questi verbi. Puoi usare i personaggi e le situazioni che ti proponiamo qua sotto oppure inventare tu i soggetti.
Esempio: Questo amico mi scoccia. Dice che dovremmo vederci più spesso ma non mi telefona mai. Quando gli telefono per invitarlo a cena, non c'è e se gli lascio un messaggio, non mi richiama. Avevamo fissato un appuntamento per

vederci la settimana scorsa, ma lui è partito in vacanza senza dirmelo. Adesso incomincio ad arrabbiarmi davvero.

Suggerimenti

genitori e figli • fratelli e sorelle • compagni di stanza • i risultati di una partita sportiva • i voti • il cattivo tempo

D. Il suono delle parole

1. La rima in poesia è forse il più bell'esempio del gioco dei suoni di una lingua. Scrivi una piccola poesia di quattro versi (*lines of poetry*), facendoli rimare due a due. Per la rima puoi usare le combinazioni di parole che ti offriamo oppure cercare le tue rime:

Suggerimenti

vento / lento... invecchio / orecchio • stella / martella (*to hammer*)... campanella / bella • fiore / amore... / adora / ancora

2. La poesia si compone (*to be composed of*) anche di rime interiori, cioè di suoni o parole nel mezzo di un verso che vengono ripetute e che rimano con altre parole. A volte la ripetizione di questi suoni crea un nonsenso (o quasi) come nello scioglilingua (*tongue twister*) seguente:

Apelle figlio di Apollo
fece una palla di pelle di pollo.
Tutti i pesci vennero a galla (*to the surface*)
per vedere la palla di pelle di pollo
fatta da Apelle figlio di Apollo.

a. Leggi lo scioglilingua ad alta voce per apprezzare il gioco di parole (ed anche quanto è difficile ripeterle rapidamente).

b. Domande di cultura generale: Chi è Apollo? Chi era Apelle nella Grecia antica?

c. Secondo l'esempio di «Apelle figlio di Apollo» componi un'altra piccola poesia o un piccolo brano di tre o quattro frasi basati sulla ripetizione di suoni e di parole. Scegli uno dei gruppetti di parole qua sotto come punto di partenza, aggiungi altre parole tue, poi completa il tuo testo.

bello/balla/nella/bolla
lenti/denti/spenti/ridenti

venire/sentire/aprire
mente/eminente/rapidamente

chi/chiaro/chiave/chiuso
loro/orto (*vegetable garden*)/morto/porto

tono/buono/suono/trono
dire/finire/mentire

E. Le associazioni di parole

1. Consideriamo la parola *rosso*.

a. Prima cerca nella lista seguente le parole che associ a questa. Cerchia le parole che scegli.

freddezza • calore • gioia • tristezza • passione • pericolo • fraternità • divieto (proibizione) • latte • vino • mela • banana • fiamma • neve • Spagna • Germania • accellerare • fermarsi

b. Prendi tre parole che hai scelto e spiega l'associazione con la parola *rosso*.

c. Adesso trova le parole nella lista che hanno significati opposti a quelli della parola *rosso*. Elenca qua sotto queste parole:

2. Poi scegli un altro colore e fai una catena (*chain*) delle tue associazioni legate (*linked*) a questo colore. Questa volta puoi aggiungere alla lista delle parole che si associno al colore anche per il suono. Esempio: rosa—cosa.

Finalmente avendo scelto un colore (rosso o a tua scelta), prendi le parole che hai associato a questo colore e scrivi un piccolo brano ispirato a questo colore ma senza usarne il nome. Poi leggilo alla classe per vedere se i tuoi compagni possono indovinare il colore.

F. I paragoni

1. Quando parliamo e scriviamo, usiamo spesso dei paragoni (*comparisons*), delle metafore, e delle similitudini. Invece di dire che la professoressa è cattiva, si può dire che la professoressa «è una strega» (metafora) o che il professore «assomiglia a un serpente» (similitudine). Completa le seguenti frasi inventando i relativi paragoni. Prova a essere il meno serio, cioè il più comico, possibile.

a. La luna assomiglia a . . .

b. Il nostro cane è come . . .

c. Sua sorella (suo fratello) assomiglia a . . .

d. Le sue idee sono . . .

e. La loro famiglia è simile a . . .

f. Quel ragazzo / quella ragazza balla come . . .

g. La nostra vita è . . .

h. Mia zia/mio zio ha . . . (una parte del corpo) di un/o/a . . .

i. Il nostro professore/la nostra professoressa parla come . . .

2. Componi una piccola poesia di tre o quattro versi sulla vita o sull'amore, prendendo come punto di partenza una similitudine che incomincia con *come*. Se preferisci, ti puoi ispirare alla seguente lista di parole:

rosa • lampo (*flash of lightning*) • tuono (*thunder*) • pioggia • sole • desidero • nuvole • splendore • fiorire • crescere • continuare • piovere • aspettare • confidare • • litigare (*to quarrel*) • fresco • verde • rosa • nero • grigio • delicato • duro • forte • bello • tempestoso • ogn • giorno • ma

G. Le relazioni tra le parole

1. Il rapporto fra parole ed azioni

a. Guarda attentamente il disegno che rappresenta «il Tempo Libero.» Poi scrivi almeno sette frasi che descrivano tutte le azioni che vedi nella vignetta.

Vocabolario utile

fare un picnic • tagliare • pescare • volare • splendere • nuotare • crescere • ombreggiare (fare ombra) • scalare (*to climb*) • cantare • saltare • sventolare (*to flutter*) • offuscare (*to darken*)

Tempo libero

b. Sequenza e conseguenza. Guarda bene la sequenza di vignette della signora nella sua cucina al mattino. Che cosa sta facendo in ogni vignetta? Sei capace di descrivere i suoi movimenti? Provaci, narrando le sue azioni e la conseguenza finale due volte, prima al presente e poi al passato prossimo.

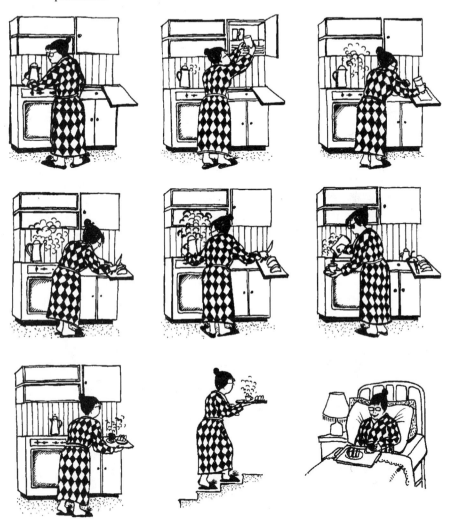

2. Le parole ed il carattere

Racconta un po' i pensieri, i desideri, e le fantasie della signora in cucina in prima persona, cioè incominciando ogni frase con «Io...» (come se tu fossi la signora) per fare una descrizione molto viva ed immediata del suo carattere e della sua personalità. Potresti usare espressioni come : Penso che..., Vorrei (che)..., Mi immagino che ...., Non vedo l'ora di... , Ho dimenticato di..., Preferisco...

3. Le parole ed il punto di vista

Adesso racconta di nuovo le azioni della signora in cucina dal punto di vista di un osservatore/un'osservatrice che la conosce abbastanza bene per collegare i suoi pensieri e le sue azioni in ogni vignetta. E' una persona calma? ordinata o disordinata? paziente? irritata? Abita sola? con qualcuno? Che tipo di lavoro fa? Ha molte resposabilità?

Esempio: La signora Betti non ha fretta stamattina e si fa un bel caffè con calma. Oggi è domenica, suo marito è andato a pescare di buonora e lei può stare tranquilla finché non arrivano i figli a mezzogiorno per un bel pranzo di pesci fritti, se suo marito ha avuto fortuna...

4. Somiglianze e contrasti

a. Trova le parole nella lista seguente che hanno un rapporto di somiglianza (*resemblance*), cerchiandole. Per esempio, cielo—uccello.

---

cielo • erba (*grass*) • mare • casa • aereo • montagna • pesce • uccello • castello • sabbia • vacca • scalare • volare • correre • nuotare • camminare

---

b. Qual è la base delle somiglianze che hai trovato?

c. Adesso fai un'altra lista di parole tue che contrastano con le parole che hai cerchiato.

d. Per finire scrivi un poemetto o una breve descrizione basata su uno dei seguenti contrasti. Suggerimento: scegli un contrasto, poi per ogni termine del contrasto, fai una lista di parole associate a questo termine. Finalmente, elabora la tua descrizione. Uno, due, tre ... via!

---

violenza o pace • città o campagna • amare o odiare • grande o piccolo • bello o brutto • antico o nuovo • gentile o cattivo

---

Capitolo 1

Due filastrocche

Gianni Rodari ▬▬▬▬▬▬▬
(Omegna, Novara 1920–Roma 1980) Giornalista ed autore di libri per bambini, è conosciuto per i suoi scritti «per piccoli e grandi.» Ha collaborato a numerose riviste e giornali come *Il Corriere dei Piccoli, Il Giornale dei Genitori, Caffè, Paese Sera,* e *L'Unità.* Inoltre, ha pubblicato una trentina di libri di racconti, fiabe, e filastrocche.

Sospiri

Prima di leggere

A. Facciamo un ripasso del condizionale. Completa le frasi seguenti:

Se potessi, _____

Se dovessi, _____

Se fossi, _____

Se avessi, _____

B. Sviluppa in modo creativo il paragrafo seguente:

Il prossimo anno vorrei _____ se

_____. Andrei _____ dove

_____ ogni giorno. Mangerei _____

tutti i giorni. Farei _____ dalla mattina alla sera.

C. Fai un elenco di tutte le sensazioni che provi quando sogni ad occhi aperti.

Sospiri 🔲

Gianni Rodari

1 «... *Vorrei, direi, farei...*»
Che maniere raffinate
ha il modo condizionale.
rude, ill-mannered   Mai che usi parole sguaiate,°
non alza la voce per niente,
e seduto in poltrona
sospira gentilmente:

2 «Me ne *andrei* nell'Arizona,
che ve ne pare?
O forse *potrei*
fermarmi a Lisbona...

3 «*Vorrei, vorrei...*
Volerei sulla Luna
in cerca di fortuna.
E voi ci *verreste*?
Sarebbe carino,
to rock / crescent (poetic)   dondolarsi° sulla falce°
snack   facendo uno spuntino...°

4 «*Vorrei, vorrei...*
Sapete che *farei*?
Ascolterei un disco.
No, meglio, *suonerei*
grand piano   il pianoforte a coda.°
Dite che è giù di moda?
Pazienza,
ne farò senza.
Del resto non so suonare...

5 «*Suonerei* se sapessi.
Volerei se potessi.
Mangerei dei pasticcini
se ne avessi.
C'è sempre un se:
chissà perché
questa sciocca congiunzione
ce l'ha tanto con me».

D. In questa filastrocca, il soggetto «sospira» una serie di desideri. Che cosa vuol dire *sospirare* in questo contesto?

E. Elenca i desideri del soggetto.

F. Perché la prima voce si domanda «Chissà perché questa sciocca congiunzione ce l'ha tanto con me?» Perché grammaticalmente c'é sempre un *se*?

Dopo aver letto

G. Il condizionale e il congiuntivo ci danno la possibilità di esprimere speranze, aspettative, desideri. Spesso questi due modi vengono usati per comunicare una visione utopistica della realtà. Cerca la parola *utopia* sul vocabolario. Che cosa significa? Inventa la tua utopia. Dov'è? Com'è? Chi ci abita? Cosa fai? Cosa mangi?

H. Se potessi tornare all'infanzia, quali cose faresti che non potevi fare allora? Perché?

L'accento sull'A

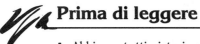 **Prima di leggere**

A. Abbiamo tutti visto i muri delle grandi città coperti di graffiti che esprimono varie filosofie, tendenze politiche, cause, opinioni, rabbie, ecc. Se potessi scrivere un tuo graffito, che cosa scriveresti? Perché? Con che cosa?

Vocabolario utile

vernice spray • gesso • pennello • pennarello • libertà • guerra • pace • «Giù...» • «Viva...» • «Abbasso...»

B. Un certo numero di parole in italiano finiscono con la vocale accentuata à, è, ì, ò, ù. Fai un elenco di tutte le parole che ti vengono in mente con l'accento finale. Cercane altre sul vocabolario. Scrivi delle frasi illustrative usando le nuove parole e raccontale ai tuoi amici.

L'accento sull'A

Gianni Rodari

postino	1	«O fattorino° in bicicletta dove corri con tanta fretta?»
	2	«Corro a portare una lettera espresso arrivata proprio adesso.»
	3	«O fattorino, corri diritto, nell'espresso cosa c'è scritto?»
non ti preoccupare	4	«C'è scritto—Mamma non stare in pena° se non ritorno per la cena,
	5	in prigione mi hanno messo perché sui muri ho scritto col gesso.
	6	«Con un pezzetto di gesso in mano quel che scrivevo era buon italiano,
	7	ho scritto sui muri della città «Vogliamo pace e libertà».
	8	«Ma di una cosa mi rammento, che sull'-a- non ho messo l'accento.
	9	«Perciò ti prego per favore, va' tu a correggere quell'errore,
	10	e un'altra volta, mammina mia, studierò meglio l'ortografia.»

Domande sulla lettura

C. Fai un elenco dei personaggi di questa filastrocca. Chi sono «gli attori»? Ora dividete i ruoli e leggete ad alta voce la poesia.

D. Come avrai notato, questa poesia è scritta in rima. In questo caso, la poesia è scritta in *distici*, che sono due versi rimati tra loro. Per te, quali possono essere i collegamenti fra le parole rimati?

E. Con parole tue racconta l'avventura del bambino spiegando perché manda una letterina alla sua mamma.

F. Secondo te, qual è il messaggio che questa filastrocca vuole comunicare ai bambini?

Dopo aver letto

G. Mettiti nei panni di un bambino trattenuto/una bambina trattenuta dalla polizia per qualche infrazione. Come ti senti? Che cosa fai? Descrivi la tua reazione all'arresto.

H. Traduci in italiano e racconta la tua filastrocca preferita.

Due Poesie

Giuseppe Ungaretti

(1888–1970) è uno dei maggiori poeti italiani del nostro secolo. Nacque ad Alessandria d'Egitto per poi girare il mondo. Visse in Italia, in Francia, e nel Brasile; viaggiò in Giappone e tenne lezioni alle università di Columbia e Harvard. Pubblicò anche un volume di *Traduzioni*. La sua poesia è lirica ma anche misteriosa per la sua forma. Il più grande tema della sua opera è il sentimento del tempo. Tutte le sue poesie sono riunite con il titolo generico di *Vita d'un uomo*. Queste due poesie riflettono l'esperienza del poeta chiamato alle armi durante la prima guerra mondiale.

Girovago

Prima di leggere

A. Immagina di dover lasciare il tuo paese per girare il mondo da vagabondo. Sei un girovago (*a wanderer*). Dove vai? In quali paesi stranieri?

B. Perché sei stato costretto (*forced*) ad abbandonare il tuo paese?

C. Adesso riprendi il tuo vagabondaggio da capo sostituendo la motivazione originale con un'altra: non sei più costretto a partire, ma decidi liberamente di viaggiare per il mondo. Spiega il perché.

D. Quali sono le caratteristiche necessarie per sentirti a casa nel nuovo paese dove vorresti stabilirti?

E. Descrivi che cos'è la sensazione di *déjà vu*.

Girovago

Giuseppe Ungaretti

CAMPO DI MAILLY MAGGIO 1918

1
In nessuna
parte
di terra
mi posso
accasare

2
A ogni
nuovo
clima
che incontro
mi trovo

languid	languente°
perché	che°
	una volta
	già gli ero stato
I had already become	assuefatto°
accustomed to it	
move away from it 3	E me ne stacco° sempre
	straniero
4	Nascendo
	tornato da epoche troppo
	vissute
5	Godere un solo
	minuto di vita
	iniziale
6	Cerco un paese
	innocente

 **Domande sulla lettura**

F. Nella prima e seconda strofa, quali parole ci danno l'impressione che il poeta ha già viaggiato molto?

G. Perché si sente «languente» in ogni nuovo posto?

H. Quale effetto ti fa l'isolamento di una sola parola in un verso?

I. Qual è il rapporto tra questa tecnica che isola singole parole o gruppetti da due a quattro parole in un verso e il ritmo con cui si legge questa poesia? Prova a leggerla ad alta voce.

J. L'alienazione dal mondo in cui viviamo è uno dei grandi temi della poesia moderna. Quali sono le possibili ragioni per cui il nostro viaggiatore si sente alienato da «ogni nuovo clima»?

K. **Il paradosso.** Nella quarta strofa l'idea di inizio contenuta nell'atto di nascere si contrappone alla continuazione di un lungo viaggio attraverso il tempo. Cioè, l'atto originario di nascere è opposto alla ricorrenza del tornare da «epoche troppo vissute».

1. Qual è la dimensione temporale del gerundio *nascendo*?

a. Sappiamo quando si inizia questa azione?

b. È limitata o illimitata?

c. Avrà una fine?

2. In che senso è possibile vivere troppo a lungo in un posto e poi rinascere in un altro tempo?

3. Qual è il rapporto tra questa sensazione spirituale e il vagabondaggio?

L. Nella quinta strofa, l'infinito *godere* non è preceduto da un verbo coniugato.
   1. Quale verbo si potrebbe aggiungere a questa frase/idea?

   2. Che significato ha l'uso dell'infinito da solo?

M. Com'è possibile che un paese sia «innocente»?

 **Dopo aver letto**

N. La poesia ermetica. La poesia di Ungaretti viene chiamata *ermetica*, essendo il suo significato in parte misterioso (o enigmatico) ed impenetrabile. Prova a scrivere una breve poesia imitando questo stile poetico con versi e strofe molto corti: descrivi un viaggio «geografico» ed affettivo (personale) alla ricerca di qualcosa che non hai mai potuto trovare.

0. Sempre imitando lo stile di Ungaretti, fai la continuazione di questa poesia, narrando come il poeta, dopo altre peregrinazioni (*wanderings*), ha finalmente trovato la pace.

Sereno

Prima di leggere

A. Sei appena scampato (*You've just escaped*) da un grande pericolo ed improvvisamente ti senti acutamente felice di essere vivo/a.

1. Qual è la tua emozione predominante?

2. E il tuo stato d'animo?

3. A quali sensazioni naturali o immagini della natura corrono i tuoi pensieri?

4. La presenza di questo pericolo ha cambiato la tua concezione di che cos'è la vita?

Sereno

Giuseppe Ungaretti

BOSCO DI COURTON LUGLIO 1918

	1
fog	Dopo tanta nebbia° a una a una
to reveal themselves	si svelano° le stelle
	2
	Respiro il fresco che mi lascia il colore del cielo
	3
passing	Mi riconosco immagine passeggera°
	4
	Presa in un giro immortale

 Domande sulla lettura

B. La struttura della poesia

   1. Quale vocale viene ripetuta con frequenza nella prima strofa?

   2. Nella seconda?

   3. Nell'ultima?

   4. Le immagini, le sensazioni, e le idee si sviluppano in questa poesia come le gocce di una pioggia leggera, «una a una», su un ritmo assai lento. Quale effetto ti fanno i primi due versi in cui il sostantivo *nebbia* è staccato dal suo aggettivo quantitativo *tanta*?

   5. Quale ritmo viene creato nella prima strofa dalla ripetizione di «a una / a una» e dalla posizione finale del soggetto «le stelle»?

6. Riscrivi la prima strofa in una sintassi (*syntax: the order of words*) non legata a schemi metrici, cioè come una frase in prosa. Che differenza c'è tra questa e la sintassi poetica di Ungaretti?

7. C'è un rapporto simbolico tra la nebbia e le stelle?

C. Il punto di vista. Dov'è il poeta? In che posizione fisica possiamo immaginarlo? Dove guardano spesso i suoi occhi?

D. Nelle ultime due strofe il poeta salta da un mondo fisico e concreto ad uno stato spirituale di introspezione.

1. Quale significato dai al verbo «Mi riconosco» invece di «Sono»?

2. In che senso siamo tutti «passeggeri»?

3. Nel passaggio dalla terza alla quarta strofa l'immagine fissa di se stesso si mette in moto. Descrivi questo movimento. In quale senso si gira: in su, in giù, a spirale?

4. Quale emozione corrisponde a questo «giro mortale»?

5. Hai l'impressione che nell'ultima strofa il poeta si senta una vittima? Di che cosa?

Dopo aver letto

E. Descrivi un momento sereno nella tua vita, usando gruppi di parole nella stessa forma poetica di Ungaretti, con molti *enjambements*, cioè iniziando la frase in un verso per finirla in quello seguente.

F. Scrivi una versione in prosa di questa poesia. Metti la voce poetica del protagonista in una situazione precisa di pericolo, per esempio un soldato nelle trincee (*trenches*) in tempo di guerra che gode un momento di pace.

Capitolo 3

Sulla spiaggia di Ostia

Gianni Rodari ▬▬▬▬▬▬▬

Questa fiaba è tratta dalle *Favole al telefono*, uno dei libri più apprezzati di Gianni Rodari. Sono storie nate da errori di ortografia, di dattilografia, oppure dallo scontro occasionale di parole, giochi verbali, e filastrocche. Le «favole» sono le brevi storie di un certo ragionier Bianchi, un rappresentante di commercio in viaggio per lavoro sei giorni su sette, raccontate per telefono a sua figlia la sera prima di andare a letto.

 Prima di leggere ▬▬▬▬▬▬▬

A. Sei in Italia e vuoi telefonare a casa. Dove vai? Come fai? Con chi parli? Che cosa dici?

Vocabolario utile

ricevitore • scheda telefonica • unità • centralinista • cabina telefonica • telefonata urbana/interurbana • staccare • attaccare • Pronto!

B. Immagina una spiaggia italiana. Com'è? Com'è diversa da una spiaggia americana? Fai una breve descrizione di questa spiaggia. Com'è la gente sulla spiaggia?

Vocabolario utile

sabbia • mare • ombrellone • sedia a sdraio • costume da bagno • aria frizzante • venticello • sale • iodio • bagnanti • bagnino • crema solare • secchio • paletta • formicolare • abbronzarsi • ustionarsi • affollato

c. Ti è successa una cosa irreale e straordinaria che vuoi raccontare al telefono a un'amica o ad una persona della tua famiglia. Racconta brevemente questa storiella.

La Lettura

Sulla spiaggia di Ostia

Gianni Rodari

A pochi chilometri da Roma c'è la spiaggia di Ostia, e i romani d'estate ci vanno a migliaia di migliaia, sulla spiaggia non resta nemmeno lo spazio per scavare° una buca con la paletta, e chi arriva ultimo non sa dove piantare l'ombrellone.

to dig

Una volta capitò° sulla spiaggia di Ostia un bizzarro signore, davvero spiritoso. Arrivò per ultimo, con l'ombrellone sotto il braccio, e non trovò il posto per piantarlo. Allora lo aprì, diede un'aggiustatina al manico° e subito l'ombrellone si sollevò° per aria, scavalcò° migliaia di migliaia di ombrelloni e andò a mettersi proprio in riva al mare, ma due o tre metri sopra la punta degli altri ombrelloni. Lo spiritoso signore aprì la sua sedia a sdraio, e anche quella galleggiò° per aria; si sdraiò all'ombra dell'ombrellone, levò di tasca un libro e cominciò a leggere, respirando l'aria del mare, frizzante di sale e di iodio.

to turn up 5

handle
to rise / to pass over

to float 10

La gente, sulle prime, non se ne accorse° nemmeno. Stavano tutti sotto i loro ombrelloni, cercavano di vedere un pezzetto di mare tra le teste di quelli che stavano davanti, o facevano le parole crociate° , e nessuno guardava per aria. Ma ad un tratto una signora sentì qualcosa cadere sul suo ombrellone, pensò che fosse una palla, uscì per sgridare° i bambini, si guardò intorno, guardò per aria e vide lo spiritoso signore sospeso sulla sua testa. Il signore guardava in giù e disse a quella signora:

accorgersi (p. remoto)

crossword puzzles 15

to scold

— Scusi, signora, mi è caduto il libro. Me lo ributta su per cortesia?

20

La signora, per la sorpresa, cadde seduta nella sabbia e siccome° era molto grassa non riusciva a risollevarsi. Accorsero° i parenti per aiutarla, e la signora, senza parlare, indicò loro col dito l'ombrellone volante.

since
accorrere (p. remoto)

— Per piacere, — ripeté lo spiritoso signore, — mi ributtano su il mio libro?

25

— Ma non vede che ha spaventato° nostra zia!

to frighten

— Mi dispiace tanto, non ne avevo davvero l'intenzione.

— E allora scenda di lì, è proibito.

—Niente affatto, sulla spiaggia non c'era posto e mi sono messo qui. Anch'io pago le tasse, sa?

30

Uno dopo l'altro, intanto, tutti i romani della spiaggia si decisero a guardare per aria, e si additavano° ridendo quel bizzarro bagnante.

to point out to each other
vedi (romano) / jet; a reazione (romano) / first Russian astronaut / Will you let me come up, too? (Roman) / to leaf through / to snort

— Anvedi° quello, — dicevano, — ci ha l'ombrellone a reazione°!

—A Gagarin°, gli gridavano, — me fai montà puro ammè°?

35

Un ragazzino gli gettò su il libro, e il signore lo sfogliava° nervosamente per ritrovare il segno, poi si rimise a leggere sbuffando°. Pian piano lo lasciarono in pace. Solo i bambini, ogni tanto, guardavano per aria con invidia, e i piú coraggiosi chiamavano:

— Signore, signore!

40

— Che volete?

— Perché non ci insegna come si fa a star per aria così?

Ma quello sbuffava e tornava a leggere. Al tramonto, con un leggero sibilo°, l'ombrellone volò via, lo spiritoso signore atterrò sulla strada vicino alla sua motocicletta, montò in sella° e se ne andò. Chissà chi era e chissà dove aveva comprato quell'ombrellone.

hiss

to climb onto the seat
a

Domande sulla lettura

D. In questa storia ci sono delle cose e degli eventi reali ed ordinari e degli avvenimenti irreali e magici. Elenca questi due tipi di circostanze ed eventi.

E. Come reagisce la gente sulla spiaggia alle parole ed alle azioni del signore eccentrico?

F. Perché si spaventa la signora grassa?

G. Quando la scena si calma, solo i bambini continuano a parlare al signore. Perché?

Dopo aver letto

H. Tu sei sulla spiaggia invece della zia ed il libro del signore cade davanti a te sulla sabbia. Immagina una conversazione animata fra te ed il signore.

I. Ricrea la vita precedente del signore. Chi era? Dove abitava? Dove e perché aveva comprato quell'ombrellone?

J. Inventa un'altra storia simile a questa con una persona bizzarra che usa un oggetto fantastico in una situazione quotidiana.

Viva l'Italia

Francesco De Gregori ▬▬▬▬

Poeta, compositore, musicista, Francesco De Gregori è uno dei cantautori contemporanei più conosciuti. Le sue canzoni esprimono l'impegno morale e politico della sua generazione. L'album *Viva l'Italia*, uscito nel 1979, è uno dei suoi grandi successi.

Prima di leggere

A. Nella canzone che stai per sentire, Francesco De Gregori canta le varie facce dell'Italia contemporanea. Fai una piccola lista di passatempi, costumi, e valori positivi del tuo paese.

B. Adesso esponi alcuni problemi sociali del tuo paese.

Vocabolario utile

disoccupazione • senzatetto • sovrappopolazione • razzismo • violenza • disastri naturali • droga • corruzione del sistema politico • terrorismo

C. Se gli Stati Uniti fossero incarnati in una persona, quali sarebbero i suoi attributi e le sue emozioni principali?

Vocabolario utile

libera • repressa • aggressiva • passiva • impegnata • disperata • innocente • cinica • indifferente • triste • innamorata (di) • fiorita • colpita

D. Conosci qualche canzone folk o popolare degli anni sessanta/settanta che parli di problemi sociali o politici di quel periodo?

La Lettura

Viva l'Italia

Francesco De Gregori

	1 Viva l'Italia
	l'Italia liberata,
	l'Italia del valzer
	e l'Italia del caffé
to rob	l'Italia derubata° e colpita al cuore
	Viva l'Italia
	l'Italia che non muore.
	Viva l'Italia
betrayal	presa a tradimento°
	l'Italia assassinata dai giornali e dal cemento
dry	l'Italia con gli occhi asciutti° nella notte scura
	l'Italia che non ha paura
	Viva l'Italia
	l'Italia che è in mezzo al mare
	l'Italia dimenticata
	e l'Italia da dimenticare
prison	l'Italia metà giardino e metà galera°
	Viva l'Italia,
	l'Italia tutta intera
	Viva l'Italia
	l'Italia che lavora
to despair	l'Italia che si dispera°

l'Italia che s'innamora
l'Italia metà dovere e metà fortuna

2   Viva l'Italia
l'Italia sulla luna
Viva l'Italia
l'Italia del 12 dicembre°
l'Italia con le bandiere
l'Italia nuda, come sempre
l'Italia con gli occhi aperti nella notte triste
Viva l'Italia
e l'Italia che resiste.

*date of the 1969 bombing
of the Banca Nazionale
dell'Agricoltura in Milan,
an unsolved terrorist act
blamed on anarchists*

 Domande sulla lettura

E. In questa canzone, aspetti di politica sono intrecciati (*interwoven*) con emozioni e passatempi. Elenca queste parole in tre categorie e confrontale.

politica   *emozioni*   *passatempi*

F. Confronta i due versi che danno un'immagine degli «occhi d'Italia».

G. Questa canzone presenta due facce d'Italia, una visibile e aperta e un'altra invisibile e nascosta.

  1. Paragona queste due facce rappresentate nella canzone.

2. Quali sono le cose alle quali l'Italia «resiste»?

3. C'è un rapporto tra queste cose e una delle facce dell'Italia?

Dopo aver letto

H. La tua ammirazione per la canzone di De Gregori ti stimola a scrivergli una lettera oppure una canzone nella quale tu parli di simili problemi e aspetti degli Stati Uniti.

I. Con l'aiuto del tuo insegnante, fai una piccola ricerca sul terrorismo in Italia, consultando una storia dell'Italia contemporanea.

J. Dopo aver ascoltato la canzone, rifletti sulla melodia di De Gregori: che cosa aggiunge la musica al senso ed alle emozioni della canzone? A tuo parere qual è l'effetto generale della melodia?

K. Riscrivi questa canzone in forma di narrativa personale, in cui il cantante rappresenta la sua Italia. Un inizio possibile: «L'Italia mia è... »

Capitolo 5

Bestie

Federigo Tozzi

(Siena 1883–Roma 1920) Si appassionò giovanissimo alla letteratura e al teatro. Scrisse poesie, racconti, commedie e romanzi fra cui *Con gli occhi chiusi* (dal quale è tratto il recente film di Francesca Archibugi), *Tre Croci*, e *Il podere*. *Bestie*, la sua prima opera importante, fu pubblicata nel 1917. Nel progetto di Tozzi, la serie di poemetti in prosa, *Bestie*, doveva far parte di un trittico insieme con *Cose* e *Persone*, opere apparse postume nel 1981.

Prima di leggere

A. I cani e i gatti piacciono quasi a tutti. A parte queste bestie, quale animale vorresti essere? Di quale animale vorresti assumere l'identità? Spiega perché.

Vocabolario utile

orso • lumaca • pesce rosso • formica • merlo • allodola • civetta • maggiolino • pipistrello • rospo • rana • gazza • pettirosso • tartaruga • piccione • farfalla • cagnetta • agnello • coniglio • usignolo • grillo • mucca • topo • lucertola • pidocchio • canguro • balena • pavone • mosca • capra • rondine • passero • vespa • ragno • ape • anatra • gallina • gallo • canarino • tortora • vipera • cavallo • maiale • liocorno

B. La fisionomia e l'apparenza

1. Adesso descrivi la faccia di un uomo:

Egli ha gli occhi _____, il naso

_____ e le labbra _____.

2. Ci sono colori che potrebbero corrispondere a queste caratteristiche?

3. Questo uomo ha l'aspetto bello o brutto, attraente o patetico? Perché?

4. Descrivi i vestiti di una donna:

Ella ha il vestito _____ , il cappello _____ , le scarpe _____ ed i guanti _____ .

5. Da queste indicazioni, lei è diversa o simile a lui?

6. Quale animale corrisponderebbe a questo uomo? a questa donna?

C. Immagina che queste due persone s'incontrino ed escano insieme. Dove vanno?

La Lettura

da *Bestie*

Federigo Tozzi

consumptive
dark purple / a little bump
ash

creased / worn-out   5
skirt
with crooked heels

stools / painted / off-key
bald   10

an ugly little dog
mangy / stiff / si ferma

Egli è tisico°: con il viso giallo e incavato. Soltanto la punta del naso ha pavonazza° e con qualche bitorzolo°. Porta gli occhiali, e dentro i suoi occhi pare che cada la cenere°. Cammina a lunghi passi rigidi; smuovendo, secondo il piede, le spalle.

Ella si vergogna di mettersi una rosa! I suoi guanti sgualciti° e sfondati°, la sottana° che le resta tra le gambe, il cappello ch'era stato di moda dieci anni prima, le scarpe con i tacchi storti°.

Si conobbero a una birreria, accanto al pubblico passeggio, di domenica: i tavolini di pietra, rotondi, gli sgabelli° di ferro verniciato°, l'orchestrina stonata°, diretta dal maestro calvo°.

Si sposarono.

Non escono quasi mai insieme; ed ella è seguita da un canettaccio° bastardo, spelacchiato°, e rattrappito°, che dopo ogni trenta metri s'arresta° per non cadere su le gambe di dietro.

Domande sulla lettura

D. Il ritratto dei personaggi. Riprendi la descrizione fisica di lui. Secondo questa descrizione, che tipo di persona è? Ha il carattere timido o aggressivo? forte o debole?

E. «Dentro i suoi occhi pare che cada la cenere.» Che cosa ti suggerisce questo fenomeno immaginario?

F. Sembra che lei sia una persona molto modesta. Perché non si veste un po' meglio? Perché si vergogna di mettersi una rosa?

G. Quali dettagli nella descrizione della birreria suggeriscono un'atmosfera più patetica che romantica?

H. Che effetto ti fa la frase/il paragrafo così breve «Si sposarono»?

I. «Il canettaccio.» Avrai notato che il Tozzi si serve di un vocabolario ricco, molto preciso, ma anche un po' rarefatto per noi. Ad esempio oggi si direbbe «cagnaccio», il peggiorativo di «cane», invece di «canettaccio». A tuo parere qual è il rapporto tra lei e il suo cane? Su quale piano si situa quest'associazione: fisico, psicologico, spirituale, simbolico?

J. Che pensi tu della vita di questa coppia?

 Dopo aver letto

K. Scegli un animale al quale assomiglia lui (forse un uccello?) e scrivi uno o due paragrafi in cui questo rapporto uomo/bestia viene sviluppato, introducendo l'animale solo alla fine del tuo testo.

L. Descrivi un episodio nella vita di questa coppia. Loro escono insieme per una volta. Dove vanno? Inventa la loro conversazione. Che fa il cagnaccio?

M. Crea un altro personaggio o pensa ad una persona che conosci e fanne il ritratto. Descrivi la sua fisionomia. Come si muove? Che tipo di lavoro fa? Dove va per divertirsi? Non dimenticare di finire il ritratto con la presentazione di un animale che corrisponda a questa persona.

Capitolo 6

Pubblicità I: Gli Italiani a tavola

I quattro messaggi pubblicitari che stai per leggere, pubblicati su riviste italiane contemporanee, cercano di vendere due prodotti alimentari—la pasta ed i frutti di mare—e due bevande—il caffè e il succo di arancia. C'è anche una ricetta che potresti provare a cucinare a casa.

 Prima di leggere

A. Certo che agli Italiani piace mangiare e che loro sanno apprezzare i piaceri della tavola. Cerchia gli aggettivi nella lista qua sotto che descrivono per te un pasto tipicamente italiano.

Vocabolario utile

(agenti) conservanti • magro • grasso • saporito • squisito • esagerato • equilibrato • nutritivo • stimolante • alla buona • casalingo • ricco • cremoso • leggero • sano • mediterraneo • decadente • piccante • lussuoso • alla cacciatora • naturale • organico • macrobiotico • fresco • artificiale

B. Adesso immagina di essere invitata a pranzo da una famiglia italiana. Scrivi due o tre frasi che descrivono quest'esperienza gastronomica.

LA PIRAMIDE DEL MANGIAR SANO.

INDICAZIONI PER UNA ALIMENTAZIONE COMPLETA ED EQUILIBRATA.

○ Grassi
▽ Zuccheri.

Alimenti di origine prevalentemente animale: necessari per l'apporto quotidiano di proteine.

Alimenti di origine vegetale: necessari per l'apporto quotidiano di sali minerali, fibre e vitamine.

Alla base della piramide ci sono alimenti necessari per l'apporto di carboidrati come il pane, la pasta, il riso ed altri derivati dai cereali.

Fonte: United States Department of Agriculture.

Di recente, il governo americano ha reso ufficiali attraverso "La Piramide del Mangiar Sano" i principi per una sana ed equilibrata alimentazione. La Piramide rappresenta in modo facile ed intuitivo la varietà e il ruolo che grassi, proteine, carboidrati e gli altri principi nutritivi devono avere in una alimentazione quotidiana equilibrata e completa. Questi stessi principi, indicati dall'Istituto Nazionale della Nutrizione nelle "Linee guida per una sana alimentazione italiana", sono alla base della tradizione alimentare del nostro Paese dove la pasta ha un ruolo primario. Un motivo in più per portare in tavola un piatto di pasta. Non solo buono, ma anche molto sano.

Per ricevere le "Linee guida per una sana alimentazione italiana" spedite questo tagliando con il vostro nome e indirizzo a: Barilla S.p.A. - Casella Postale N. 253, 43100 Parma.

CON BARILLA, MANGIAR SANO E' UN PIACERE.

DOVE C'È BARILLA C'È CASA

1. Pasta, pane,
   riso, etc.
2. Frutta
3. Verdura

4. Carni
5. Latticini
6. Grassi,
   zuccheri e
   dolciumi

Le dosi sono per 4 persone e ogni porzione ha questi valori nutrizionali medi:

FUSILLI ALLA NETTUNO		
ENERGIA	Kcal	403
PROTEINE	g	19
CARBOIDRATI	g	66
LIPIDI	g	7

La pasta è alla base di una sana alimentazione.

Alla base della "Piramide del Mangiar Sano" ci sono i derivati dai cereali come la pasta. Perché la pasta è ricca di carboidrati. I quali, opportunamente integrati da un corretto apporto di proteine e lipidi forniti dal condimento, fanno diventare la pasta un piatto nutrizionalmente equilibrato. Quando poi la pasta è fatta con la bontà dei migliori grani duri e con tutta l'esperienza Barilla, mangiare sano è ancora di più un piacere.

Salute e gusto: una ricetta Barilla.
Barilla ti propone una ricetta equilibrata che segue i principi della "Piramide del Mangiar Sano". Sono i Fusilli alla Nettuno. Fai bollire 350 g di Fusilli Barilla e condiscili come segue: metti a cuocere della cipolla con un po' d'acqua e di olio. Aggiungi 150 g di polipetti mandati a fuoco lento con mezzo bicchiere di vino bianco. Unisci 100 g di scampi con 100 g di pomodoro. Manda a fuoco vivace aggiungendo sale, pepe e prezzemolo.

Domande sulle pubblicità

Dopo aver guardato e studiato bene le fotografie e le diapositive, fai le analisi seguenti. Queste pagine di pubblicità per vari prodotti alimentari danno un'immagine tradizionale, ma anche aggiornata (*up-to-date*), del «mangiar sano» all'italiana.

C. Riguardando la lista dell'esercizio A, scegli gli aggettivi che descrivono meglio i prodotti rappresentati.

D. La pasta. Studia bene la pubblicità per la pasta Barilla e la piramide di alimentazione equilibrata che l'accompagna.

1. Descrivi la grande immagine.

2. Dov'è la persona che sta mangiando?

3. Qual è il rapporto tra l'idea di mangiare sano e le proporzioni dei fusilli alla Nettuno?

4. Perché è significativo per Barilla che la pasta si trovi alla base della piramide?

E. I frutti di mare.

1. Quanti nomi di pesce riconosci? Quali di questi molluschi e crostacei hai già mangiato?

2. Elabora i tre punti di attrazione principali dal testo che cercano di persuaderci a mangiare più pesce. Spiega il valore di ogni punto.
a. la varietà

b. la freschezza

c. la bontà nutritiva

DATEVI ALL'ITTICA.

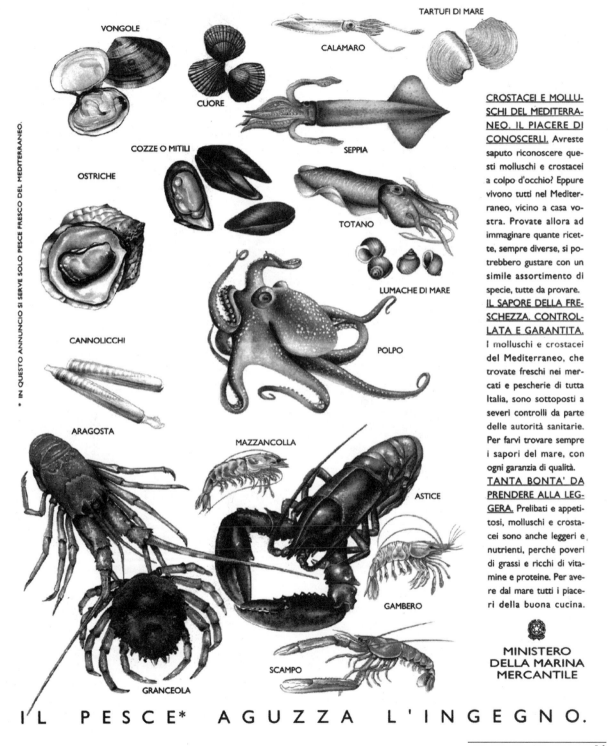

VONGOLE

CUORE

CALAMARO

TARTUFI DI MARE

COZZE O MITILI

SEPPIA

OSTRICHE

TOTANO

LUMACHE DI MARE

CANNOLICCHI

POLPO

ARAGOSTA

MAZZANCOLLA

ASTICE

GAMBERO

GRANCEOLA

SCAMPO

CROSTACEI E MOLLU-SCHI DEL MEDITERRA-NEO. IL PIACERE DI CONOSCERLI. Avreste saputo riconoscere questi molluschi e crostacei a colpo d'occhio? Eppure vivono tutti nel Mediterraneo, vicino a casa vostra. Provate allora ad immaginare quante ricette, sempre diverse, si potrebbero gustare con un simile assortimento di specie, tutte da provare. **IL SAPORE DELLA FRESCHEZZA. CONTROLLATA E GARANTITA.** I molluschi e crostacei del Mediterraneo, che trovate freschi nei mercati e pescherie di tutta Italia, sono sottoposti a severi controlli da parte delle autorità sanitarie. Per farvi trovare sempre i sapori del mare, con ogni garanzia di qualità. **TANTA BONTA' DA PRENDERE ALLA LEGGERA.** Prelibati e appetitosi, molluschi e crostacei sono anche leggeri e nutrienti, perché poveri di grassi e ricchi di vitamine e proteine. Per avere dal mare tutti i piaceri della buona cucina.

🏛️

MINISTERO DELLA MARINA MERCANTILE

* IN QUESTO ANNUNCIO SI SERVE SOLO PESCE FRESCO DEL MEDITERRANEO.

IL PESCE* AGUZZA L'INGEGNO.

F. Le bevande.   Tutti sanno l'importanza del caffè per gli Italiani. Sappiamo pure che la storia dell'arte italiana è molto ricca.

illy è una miscela armoniosa, di qualità eccellente e costante: unica e perfetta sempre. *illy. Il caffè perfettamente espresso.*

1. Prova a spiegare come questa pubblicità riesce a combinare la conoscenza dell'arte con l'apprezzamento del caffè, rispondendo alle domande seguenti.

a. Chi sono le tre donne?

b. Che cos'ha ognuna delle donne nella mano?

c. Chi sono le Grazie nella mitologia greco-romana?

d. Tre donne, un caffè. Qual è il rapporto di questi numeri nella pubblicità? Quanti aggettivi del testo descrivono la miscela del caffè Illy, «unica e perfetta sempre»?

e. Qual è il rapporto tra il piacere di guardare e il piacere di gustare?

f. C'è una differenza per te tra lo sguardo (*gaze*) maschile e quello femminile?

2. Prima di vedere la pubblicità di Fior di succo, avresti pensato che il succo di arancia fosse una bibita importante nella dieta italiana?

3. Che cos'è una spremuta?

UN'ARANCIA, DUE ARANCE, TRE ARANCE...

SE CONTATE FINO A SETTE, SAPETE ESATTAMENTE

COSA STATE PER BERE.

Ma ciò che state per bere lo riconoscereste anche a occhi chiusi, perché è proprio come una spremuta, una spremuta di arance rosse (o bionde o di pompelmi) senza aggiunta di zucchero o additivi. Ed è solo in questo modo che i principi nutritivi della frutta si mantengono integri. Certo, una spremuta come Fior di Succo costa un po' di più dei normali succhi, ma sarà il vostro palato a spiegarvi tutta la differenza.

CAMPO DEI FIORI

LA SPREMUTA DI CAMPO DEI FIORI. TRATTARSI MEGLIO È DEL TUTTO NATURALE.

4. Secondo questa pubblicità, perché vale la pena di pagare un po' di più per una spremuta come Fior di succo? Sei d'accordo?

Dopo aver letto

G. Fai un riassunto delle tue impressioni su queste cinque pagine di pubblicità, spiegando come esse hanno cambiato il tuo preconcetto (*preconception*) dell'alimentazione italiana di oggi.

H. Scrivi un breve racconto che descrive un giorno tipico nella vita di una persona che si nutre di questi prodotti secondo i valori nutritivi sani, integrali, ed equilibrati che le pubblicità mettono in risalto.

I. Crea un tuo messaggio pubblicitario per un prodotto alimentare indirizzato alla donna. Dopo aver inventato il tuo messaggio, spiega brevemente quali strategie hai trovato per attirare l'attenzione del pubblico femminile.

La latteria

Paolo Rossi

Nato a Monfalcone di Gorizia nel 1953, milanese d'adozione, Paolo Rossi ha fatto l'apprendista comico sulle pedane dei club. Ultimamente si è dedicato molto al teatro. «La latteria», tratto dallo spettacolo *Milanon Milanin* (1994), è pubblicato nel libro *Era meglio morire da piccoli? Nuovi monologhi* (1995).

A. La spesa all'italiana. Su, ragazzi! Un po' di ripasso del vocabolario della spesa. Come si chiama il negozio dove vai per comprare le cose seguenti e da chi le compri?

Esempio:

una coppetta da 1500   *in gelateria*   *dal gelataio*

mezzo chilo di mele

il pesce fresco

il latte e i latticini

un arrosto di vitello

B. Fai una breve descrizione del negozio dove ti piace di più fare la spesa, secondo i criteri seguenti:
   1. l'ambiente

   2. i prodotti

   3. i venditori

   4. la clientela

   5. un altro aspetto che trovi molto simpatico

   6. un aspetto antipatico (se ce n'è uno)

Come si chiama il tuo negozio?

C. Il collettivo. Il collettivo è qualcosa di tutti e per tutti.
   1. Nel tuo tempo libero dove vai per stare assieme agli amici in un ambiente socievole e rilassato, cioè per godere del collettivo?

   2. Chi c'è?

   3. Ci sono giochi o altri divertimenti?

La Lettura _____ ## «La latteria»

Paolo Rossi

foosball
pinball
hassles

La latteria! Ma come ho fatto a non pensarci prima! C'è la latteria! È a duecento metri, ci sono gli amici. Ah, la latteria col calcetto°, il ping-pong, il flipper°... La latteria è la compagnia, il collettivo, è il piacere di stare assieme a gente come te, nessuno ti chiede niente di importante, nessuno ti fa menate°...
5 Tutti insieme: il doppio al ping-pong, il torneo di calcetto: «Tu dove giochi?» «Io all'attacco.» «Bene, io in difesa.» «Quanto siete? Sei a tre? Allora è l'ultima pallina! Appena finita questa sfidiamo° i vincenti!»... «Tutto al volo, non vale rullare°...»

to challenge
no stalling

Due contro due... il collettivo... chi perde paga, come nella vita. E se
10 Milano fosse fatta di tanti omini di bachelite° tutti blu, tutti rossi... Omini che non si incontrano mai, ognuno di fianco all'altro sulla stessa stecca° per tutta la vita... uno sputo sulla maniglia° e via... «Alt! Fermo non far manina°, hai tirato la pallina dalla tua parte... arimortis... arivivis°... uno a zero, due a zero, tre a zero... Signora, mi porta un latte e menta?»

uomini di bachelite;
plastic figurines / stick

a little spit on the handle /
Cut it out! / Stop... go

15 E poi c'è il flipper... perfino al flipper si gioca in due, in latteria. Uno a destra e l'altro a sinistra, un pulsante a testa°. Tutto dev'essere sincronizzato... se sbagli il sincrono la pallina va dentro come un piombo... Buttala su... occhio adesso... spingi... spingi... ma vai... vai su e lavora, troione°... Il troione è la pallina. Il flipper scatena linguaggi da portuali° e forse è questo che mi piace del
20 flipper, oltre alla fisicità... Mi piace questo e la bottiglia di vino fetente° che Brunetto, il lattaio, mette in palio° ogni settimana per chi fa record. Sai la libidine di scrivere il record attaccato col fogliettino sul quadrante° del flipper, di fianco... Paolo e Sergio 235 milioni e 715. Oppure lo pseudonimo: c'è stato un periodo, qualche anno fa, che io e Sergio, che facevamo sempre il record, ci
25 chiamavamo il Duo di Piadena. Duo di Piadena 78 milioni e 375 mila 245... Chissà se c'è Sergio in latteria... Sergio... è un po' che non lo vedo... Una volta era specializzato a spingere, nel flipper... Aveva trovato un modo per rusare° senza far venire fuori il tilt... Lui diceva che il flipper è una metafora della vita... osare°, esagerare, sempre ai limiti del tilt... Diceva cose un po' banali, il Sergio,
30 però come buttava su lui la pallina non ce n'era... Era capace che la teneva su a lavorare per due o tre minuti di seguito... lavora, troione!

a button for each person

bitch
dockworkers
cheap wine
to offer as a prize
the face

to jolt (it) (milanese)

to dare

Ecco, finalmente sono arrivato alla latteria...

La latteria non c'è più. «Alla Mela verde. Gelateria ecologica»... Anche tu, Brunetto! L'evoluzione del lattaio è la gelateria. Ormai ci sono in giro più
35 gelaterie che semafori°.

stoplights

How refined!

a pun on antiquariato, an antique shop / It's plugged in. / Wheat germ ... Why don't you just call it bran

battleship

a soft-looking young man, all dressed up / surgeon / hunk / a prominent Milanese fashion designer

to disappear

morgue / Pardon me for being so bold / flamingo

an immigrant (legally, from outside the European Union; in practice, from the "Third World")
Why the hell are you saying 'ok' when you're from Calabria?

You Smurf ice-cream pusher! / to poison

You're the one who's way off-base / Get with it!

ginger / an effervescent vitamin C tablet

Entro. Tavolini, bancone nuovissimo, una fontana. Ma ti rendi conto? Al posto del ping-pong ci hanno messo una fontana. Hanno tolto tutte le fontane dai giardini e le hanno messe nelle gelaterie. Almeno avessero messo i ping-pong ai giardinetti...

Alla parete un poster con una modella che lecca un cono da 2000... sai che finezza°. Ci mancava che si sedesse su un cono da 5000 e poi il messaggio era completo...

Il flipper c'è ancora ma è diventato un mobile da modernariato°... La spina è attaccata°. Sopra ci sono esposte tutte le coppette al kiwi e al germe di grano. Germe di grano... chiamala crusca che fai prima°, germe di grano...

La signora, la moglie di Brunetto, non c'è più... e adesso a chi chiedo il latte e menta?... Al posto della signora (una corazzata° di centoventi chili) adesso c'è un efebo tutto attillato ° che ti serve i gelati con i guanti da chirurgo°... E alla cassa c'è un figone° di due metri e ottanta che sembra uscita da una pubblictà di Krizia°...

«Brunetto, dov'è Sergio?»

«Sergio? E chi è Sergio?»

«Sergio, quello del record a flipper!»

«Ah, Sergio! Non so, è sparito°... sai siamo stati chiusi per un po', per ammodernare il locale... Ti piace?»

«Carino... Sembra un obitorio° postmoderno... Scusa l'ardire°, ma il fenicottero° alla cassa è compreso nel leasing?»

«Il fenicottero?... Ah, Deborah... No, lei è la mia ragazza... sai con mia moglie mi sono lasciato... non andavamo più d'accordo... Lei si chiama Deborah, è americana... un'extracomunitaria°... Anch'io dò del lavoro agli extracomunitari... Ah, ah... Cosa prendi?»

«Gelato.»

«Ok, ma che gusti?»

«OK?!... Ma che cazzo dici ok che sei calabrese°!... Ma sei scemo?... Dove hai messo il calcetto? dove hai messo il ping-pong? dove hai messo il flipper? dov'è Sergio? dov'è il mio latte e menta?... bastardo, fascista, yuppie alimentarista... spacciatore di gelati al Puffo°... i gelati azzurri! Non si è mai visto un gelato azzurro, tu avveleni° i bambini!...»

«Guarda, che sei tu lo spiazzato°, non io... Adeguati°, Paolo. Milano viaggia verso l'Europa. E adesso, scusami, ho da fare: devo prepare 600 coppette metà zenzero° e metà Cebion° È per una convention di farmacisti...»

Domande sulla lettura

D. Il piacere. I divertimenti e gli amici che s'incontrano in latteria piacciono molto a Paolo. Descrivi con il massimo dei dettagli gli aspetti del calcetto, del flipper, e di Sergio che fanno piacere a Paolo.

1. il calcetto

2. il flipper

3. Sergio

E. Il dispiacere. Quando la latteria viene trasformata in gelateria ecologica, la maggior parte dei cambiamenti dispiace a Paolo. Elenca alcune di queste trasformazioni negative per Paolo:

1. cambiamenti di mobili

2. cambiamenti linguistici

3. cambiamenti di personale

4. Ce ne sono altri?

F. Prova a spiegare in che senso la gelateria ecologica è un negozio meno tradizionale e meno autenticamente italiano della latteria.

G. Sei a Milano per studiare l'italiano e ti capita di andare alla «Mela verde» perché devi fare una relazione orale su una gelateria tipicamente italiana. Scrivi il tuo dialogo animato e comico con Deborah la cassiera che, «da buona extracomunitaria», rifiuta di parlare inglese con te! Potresti usare l'informazione raccolta nell'esercizio F.

H. Nelle avvertenze (i commenti) dell'autore che precedono i monologhi di *Era meglio morire da piccoli?* Paolo Rossi specifica: «Questo libro è in realtà uno spettacolo teatrale. Chiedo a tutti di essere più spettatori che lettori... Chi lo sentisse profondamente suo può impararlo a memoria e recitarlo a sé o agli altri, tutto o in parte, ora o in futuro, a patto che ne rispetti fedelmente i contenuti e soprattutto la forma... » Se ti piace il teatro e la recitazione (*acting*), prova ad imparare a memoria un brano (*passage*) della «Latteria» per poi recitarlo alla tua classe.

I. Rileggi ad alta voce e studia attentamente l'ultimo dialogo tra Paolo e Brunetto che incomincia «Brunetto, dov'è Sergio?» Attenzione al sarcasmo di Paolo. Quando ridono i lettori o gli spettatori? Perché ridono?

Capitolo 8

Dal medico

Cesare Zavattini

(Luzzara, Reggio Emilia 1902–Roma 1989) Autore, sceneggiatore e pittore, ha scritto dei soggetti cinematografici che restano famosi nella storia del neorealismo italiano. «Sciuscià» (1945), «Ladri di biciclette» (1948), e «Miracolo a Milano» (1950) sono tre soggetti zavattiniani che influenzarono in modo particolare la corrente del neorealismo nel cinema italiano. La sua prosa non è facilmente classificabile: «Dal medico» è tratto da *Io sono il diavolo*, il terzo volume della sua piccola trilogia, che rappresenta i sentimenti umani in chiave satirica, moralistica ed anche pessimista.

Prima di leggere

A. Devi andare dal medico perché hai male da qualche parte.

Vocabolario utile

polso • occhi • braccia • gambe • tallone • dolore • sollievo • ricetta • lamentare • spogliarsi • toccare • lagnarsi • controllare • palpare • muovere • sollevare • comprimere

1. Come descrivi i tuoi sintomi?

2. Come ti visita il medico? È gentile?

3. Che cosa ti prescrive?

4. Sei soddisfatta/o della consultazione?

B. Adesso paragona il tuo male a un colore.

C. Poi immagina una serie di trasformazioni di questo colore man mano che il dolore passa da una parte ad un'altra nel tuo corpo.

La Lettura

Dal medico
Cesare Zavattini

che si era denudato

Il giovane denudatosi° si sdraiò sul lettino, sotto le mani fredde del medico che lo palparono a lungo.

Suonarono le sirene. I due uomini si guardarono in faccia rapidamente.

«Non dovete lagnarvi del vostro corpo, gli organi sono a posto,» aggiunse 5 mentre batteva forte il palmo della mano contro il tallone del giovane: «È la prima volta che l'allarme viene dato di giorno.»

Il medico guardò in strada. Che silenzio. La strada era già vuota, da un portone socchiuso una vecchia allungava il collo per guardare il cielo, ma non si vedeva che neve, la quale pareva cominciasse a scendere solo da un metro sopra 10 i tetti. Anche il giovane si alzò sulla punta dei piedi per poter guardare dietro le spalle del dottore.

movimento

«Fate del moto°.»

«Scusate,» disse timidamente il giovane vestendosi. «Io credevo che il mio male di testa fosse poco comune.»

15 «È il pensiero di ogni malato.»

«Io vedo cose meravigliose quando ho il mal di testa.»

Il medico stava lavandosi le mani, si voltò verso il giovane: «Spiegatevi,» disse quasi ostilmente.

relief
invadere (participio 20
passato)

muddy
to spill / to vanish

to blaze
to crack / ox 25

«Metto la testa sui cuscini, comprimo gli occhi e provo un po' di sollievo°. Per un attimo, poiché sono subito invaso° dai colori.»

«Dai colori?»

«Oh, sì, dai colori. Prima è un fiume verde limaccioso° che viene su dallo stomaco, si spande° come l'olio e dilegua° nel buio, un buio così nero che si teme di non poter mai più veder niente. Ma un chiarore lontano avanza nell'acqua e sfolgora° davanti alla pupilla, gli occhi non sostengono il sole, si screpolano°. Avete visto gli occhi di un bue° su un piatto? Anche i miei sono

splashes

inanimati dopo quella luce. Poi dei cerchi viola vibrano allargandosi fino a un punto tanto lontano. Subentrano, non so da dove, righe arancione con chiazze° d'argento.»

«Siete pittore?»

30 «No, signore. Vorrei esserlo per descrivervi tutte le tinte che mi fluttuano davanti. Si accumulano, si trasformano in toni che, veramente, non troviamo nelle cose intorno a noi. Ricorderò sempre un fondo azzurro con fiori neri. In fine i colori entrano in bocca, moltiplicati; entrano come vermi°, non si resiste, bisogna sollevare la testa dal cuscino per liberarsene.»

worms

to crush
medicine in a paper
wrapper

35 «Non so che ragione abbiate di schiacciare° gli occhi. State allegro. Vi darò qualche cartina° a base di...»

E scrisse la ricetta.

«Spero abbiate ragione, forse...»

40 «Arrivederci, c'è gente di là che aspetta il suo turno. Una cartina al giorno.»

to start out / threshold

Il giovane si avviò° e sulla soglia° arrossendo chiese:

«Prima dei pasti?»

Domande sulla lettura

D. Scegli le parole che descrivono il carattere del giovane e del medico.

E. Descrivi il rapporto tra il giovane ed il medico. Quali sono i loro atteggiamenti l'uno verso l'altro?

F. Una visita dal medico è una cosa abbastanza normale. Però ci sono aspetti di questa visita e dell'ambiente in cui si svolge che sembrano strani o fuori del normale. Precisa questi aspetti del racconto.

G. La fantasia dei colori.   L'invasione dei colori nel corpo del giovane è una cosa piacevole o spiacevole?

1. Il giovane gode della trasformazione dei colori, sì o no?

2. È una situazione ambigua? Spiega il perché.

Dopo aver letto

H. Continua la storia del giovane dopo la visita del medico: è tornato a casa, ha preso la prima cartina di medicina, e poi... Crea una fantasia come quella dei colori.

I. Cerca una copia della *Spoon River Anthology* di Edgar Lee Masters in biblioteca e paragona uno dei monologhi (per esempio quello di «Dippold the Optician») alla conversazione tra il giovane ed il medico.

J. Fai il ritratto psicologico del giovane: che cosa sappiamo della sua personalità in funzione delle caratteristiche descritte nel racconto?

Capitolo 9

Canzone: Cantiamo tutti la stessa canzone

Teresa De Sio

Nata a Cava dei Tirreni (Salerno) nel 1955, la cantante Teresa De Sio prende spunto nelle sue canzoni dalle condizioni sociali e storiche del Mezzogiorno. La sua voce dal timbro raffinato e popolare insieme la mette presto in evidenza. Esordisce (*to debut*) con *Villanelle popolaresche del Cinque-cento*, poi nel 1980 con *Sulla terra luna*. Ultimamente la sua musica muove verso un'elegante fusione di tradizioni diverse—la musicalità mediterranea, la sensibilità metropolitana, e la grande tradizione musicale napoletana. Questa canzone è tratta dall'album *Ombre rosse*, uscito nel 1991.

Prima di leggere

A. Nella canzone che stai per leggere ed ascoltare, Teresa De Sio fa appello alla solidarietà fra i popoli diversi attraverso alcune delle somiglianze che ci legano. Quali potrebbero essere, secondo te, alcune di queste somiglianze? Quali cose ci dividono?

Vocabolario utile

costumi • lingua • maniere • cultura • etnicità • razzismo • discriminazione • cantare • festeggiare • fare la guerra/la pace

B. Descrivi ai tuoi compagni di classe la tua canzone preferita di «solidarietà». Chi è l'autore? Cerca di esprimere le parole in italiano.

C. Quali sono le cose che influiscono in modo principale sul comportamento di una persona?

Vocabolario utile

famiglia • religione • rituali • amicizie • scuola • ricordo dell'infanzia • amori • genetica • gioco • cibo • ceto sociale

La Lettura
Cantiamo tutti la stessa canzone
Teresa De Sio

Cantiamo tutti la stessa canzone,
cambia la lingua, il ritmo, la tonalità,
musical chord   cambia il paese e qualche accordo° qua e là,
ma la canzone, in fondo, è sempre quella.
5   Cantiamo tutti poi le stesse passioni,
musical scores   cambiano frasi, razze, partiture°,
modi di dire, modi di farsi amare,

ma la canzone, in fondo, è sempre quella.
Che gira gira, sempre poi si torna
10   su qualche ritornello dell'infanzia,
te lo ricordi, dai te lo ricordi.
Dai, ti ricordi come fa
quel ritornello bello.
Ahi, questo tempo se ne va

a way out   15   e non lascia via di scampo°.
slander, insults, infamy   E ancora guerre, infamie°, illusioni,
cantiamo amori e qualche debolezza,
qualcuno grida il suo segreto al vento

to drive away   e qualcun altro lo ricaccia° in fondo.
20   Cantiamo ingegno, fame, civiltà,
fatti di tutti e fatti di nessuno,

waltzes / milongas (un   cantiamo i valzer°, le milonghe°, il tango
ballo sudamericano)   e a volte niente.
Che gira gira, sempre poi si torna
25   su qualche ritornello dell'infanzia,
te lo ricordi, dai te lo ricordi.
Dai, ti ricordi come fa
quel ritornello bello.
Ahi, questo tempo che se ne va
30   e non ci lascia via di scampo.
Dai ti ricordi come fa
quel ritornello bello...

 Domande sulla lettura

D. In questa canzone, Teresa de Sio mescola esempi di elementi culturali con aspetti del carattere umano per dimostrare le somiglianze fra i popoli. Estrapola dal testo tutti gli esempi che puoi trovare:

Elementi culturali   *Aspetti caratteriali*

E. Che importanza ha il ricordo dell'infanzia?

F. Ora ascoltate la canzone insieme. Che ruolo ha la musica nella comunicazione delle idee della canzone?

Dopo aver letto

G. Secondo te, che cosa significa *nazionalismo? patriottismo?* e *multiculturalismo?* Che ruolo hanno, oppure potrebbero avere, nel mondo di oggi? Scrivi un tuo «editoriale» sull'argomento.

H. Scrivi una lettera ad un coetaneo/una coetanea di una cultura straniera (la scelta è tua) che sta per farti visita negli Stati Uniti per la prima volta, in cui descrivi la *tua* cultura statunitense. Per te, quali sono gli elementi che definiscono la cultura statunitense? Considera le arti, le tradizioni regionali ed etniche, l'artigianato, la gastronomia.

I. Scrivi una canzone o una poesia sull'argomento della canzone che hai appena ascoltata e studiata e presentala alla classe.

Capitolo 10

Le scarpe rotte

Natalia Ginzburg

(Palermo 1916–Roma 1991) Scrittrice di vari romanzi e racconti, spesso autobiografici, che comunicano attraverso uno stile apparentemente piatto e semplice una grande intelligenza e una forte sensibilità verso la condizione delle donne. Le sue opere più conosciute sono *Tutti i nostri ieri* (1952), *Le voci della sera* (1961), *Le piccole virtù* (1962), *Lessico familiare* (1963), *Caro Michele* (1973), e *La famiglia Manzoni* (1983). Si è impegnata anche come deputata nella Camera dei Deputati in Parlamento. Questo racconto è tratto da *Le piccole virtù* e conferma bene il suo senso del comico.

 **Prima di leggere**

A. Che cosa significa l'amicizia per te?

Vocabolario utile

conoscersi • parlare • scambiare idee • stare bene insieme • rispettare • sognare • litigare • divertirsi

B. Immagina di vivere in una città occupata da forze nemiche.

    1. Com'è la tua vita quotidiana?

    2. Quali cose ti mancano?

    3. Come trovi quello che ti serve?

C. Nel racconto che stai per leggere, Natalia Ginzburg descrive le sue scarpe consumate dall'uso e sogna un paio di scarpe ideali. Descrivi le tue scarpe ideali.

Vocabolario utile

suola • lacci • fibbia • fiocco • cuoio • camoscio • pelle verniciata • seta • tacchi bassi/alti • a spillo • sandali • stivali

Le scarpe rotte

Natalia Ginzburg

Io ho le scarpe rotte e l'amica con la quale vivo in questo momento ha le scarpe rotte anche lei. Stando insieme parliamo spesso di scarpe. Se le parlo del tempo in cui sarò una vecchia scrittrice famosa, lei subito mi chiede: «Che scarpe avrai?» Allora le dico che avrò delle scarpe di camoscio° verde, con una gran
5 fibbia d'oro da un lato.

Io appartengo a una famiglia dove tutti hanno scarpe solide e sane. Mia madre anzi ha dovuto far fare un armadietto apposta per tenerci le scarpe, tante paia ne aveva. Quando torno fra loro, levano alte grida di sdegno° e di dolore alla vista delle mie scarpe. Ma io so che anche con le scarpe rotte si può vivere. Nel
10 periodo tedesco ero sola qui a Roma, e non avevo che un solo paio di scarpe. Se le avessi date al calzolaio avrei dovuto stare due o tre giorni a letto, e questo non mi era possibile. Così continuai a portarle, e per giunta° pioveva, le sentivo sfasciarsi° lentamente, farsi molli ed informi, e sentivo il freddo del selciato° sotto le piante dei piedi. È per questo che anche ora ho sempre le scarpe rotte,
15 perché mi ricordo di quelle e non mi sembrano poi tanto rotte al confronto, e se ho del denaro preferisco spenderlo altrimenti, perché le scarpe non mi appaiono più come qualcosa di molto essenziale. Ero stata viziata° dalla vita prima, sempre circondata da un affetto tenero e vigile, ma quell'anno qui a Roma fui sola per la prima volta, e per questo Roma mi è cara, sebbene carica di storia per
20 me, carica di ricordi angosciosi°, poche ore dolci. Anche la mia amica ha le scarpe rotte, e per questo stiamo bene insieme. La mia amica non ha nessuno che la rimproveri° per le scarpe che porta, ha soltanto un fratello che vive in campagna e gira con degli stivali da cacciatore. Lei e io sappiamo quello che succede quando piove, e le gambe sono nude e bagnate e nelle scarpe entra
25 l'acqua, e allora c'è quel piccolo rumore a ogni passo, quella specie di sciacquettio°.

La mia amica ha un viso pallido e maschio, e fuma in un bocchino° nero. Quando la vidi per la prima volta, seduta a un tavolo, con gli occhiali cerchiati di tartaruga° e il suo viso misterioso e sdegnoso, col bocchino nero fra i denti,
30 pensai che pareva un generale cinese. Allora non lo sapevo che aveva le scarpe rotte. Lo seppi° più tardi.

Noi ci conosciamo soltanto da pochi mesi, ma è come se fossero tanti anni. La mia amica non ha figli, io invece ho dei figli e per lei questo è strano. Non li ha mai veduti se non in fotografia, perché stanno in provincia con mia
35 madre, e anche questo fra noi è stranissimo, che lei non abbia mai veduto i miei figli. In un certo senso lei non ha problemi, può cedere alla tentazione di buttar la vita ai cani, io invece non posso. I miei figli dunque vivono con mia madre, e non hanno le scarpe rotte finora°. Ma come saranno da uomini? Voglio dire: che scarpe avranno da uomini? Quale via sceglieranno per i loro passi? Decideranno
40 di escludere dai loro desideri tutto quel che è piacevole ma non necessario, o

suede

they raise loud cries of disdain

in addition
to come apart / pavement

spoiled

anguished, tormented

to scold (congiuntivo)

wet squishy sound
cigarette holder

tortoise shell

sapere (p. remoto)

until now

affermeranno° che ogni cosa è necessaria e che l'uomo ha il diritto di avere ai piedi delle scarpe solide e sane?

Con la mia amica discorriamo° a lungo di questo, e di come sarà il mondo allora, quando io sarò una vecchia scrittrice famosa, e lei girerà per il mondo con uno zaino in spalla, come un vecchio generale cinese, e i miei figli andranno per la loro strada, con le scarpe sane e solide ai piedi e il passo fermo di chi non rinunzia°, o con le scarpe rotte e il passo largo e indolente° di chi sa quello che non è necessario.

Qualche volta noi combiniamo dei matrimoni fra i miei figli e i figli di suo fratello, quello che gira per la campagna con gli stivali da cacciatore. Discorriamo così fino a notte alta, e beviamo del tè nero e amaro. Abbiamo un materasso° e un letto, e ogni sera facciamo a pari e dispari° chi di noi due deve dormire nel letto. Al mattino quando ci alziamo, le nostre scarpe rotte ci aspettano sul tappeto.

La mia amica qualche volta dice che è stufa° di lavorare, e vorrebbe buttar la vita ai cani. Vorrebbe chiudersi in una bettola° a bere tutti i suoi risparmi°, oppure mettersi a letto e non pensare più a niente, e lasciare che vengano a levarle il gas e la luce, lasciare che tutto vada alla deriva° pian piano. Dice che lo farà quando io sarò partita. Perché la nostra vita comune durerà poco, presto io partirò e tornerò da mia madre e dai miei figli, in una casa dove non mi sarà permesso di portare le scarpe rotte. Mia madre si prenderà cura di me, m'impedirà° di usare degli spilli° invece che dei bottoni, e di scrivere fino a notte alta. E io a mia volta mi prenderò cura dei miei figli, vincendo la tentazione di buttar la vita ai cani. Tornerò ad essere grave e materna, come sempre mi avviene quando sono con loro, una persona diversa da ora, una persona che la mia amica non conosce affatto.

Guarderò l'orologio e terrò conto del tempo°, vigile ed attenta ad ogni cosa, e baderò° che i miei figli abbiano i piedi sempre asciutti e caldi, perché so che così dev'essere se appena è possibile, almeno nell'infanzia. Forse anzi per imparare poi a camminare con le scarpe rotte, è bene avere i piedi asciutti e caldi quando si è bambini.

Domande sulla lettura

D. Come passano la giornata le due amiche?

E. In questo racconto la Ginzburg confronta il suo stato attuale a quello della sua vita passata in famiglia. Com'era e com'è la vita in famiglia della Ginzburg quando era ragazza ed ora che è mamma? Descrivi le varie tappe di questo confronto.

F. Inoltre, l'autrice sogna un futuro più dolce dopo la guerra.
  1. Come sarà questo futuro per la Ginzburg?

  2. E per l'amica?

Dopo aver letto

G. Possiamo considerare l'uso delle scarpe nel racconto come una metafora (una similitudine che mette a confronto due immagini, trasferendo il concetto che la prima esprime simbolicamente alla seconda). Le scarpe sono una metafora di che cosa? Che importanza hanno le scarpe nella memoria della narratrice?

H. La storia di Cenerentola e quella della Ginzburg si servono delle scarpe come metafora. Come sono simili? Che aspetti hanno in comune?

I. Inventa una favola su un'esperienza difficile che hai vissuto da bambino/a. Non dimenticare di considerare l'uso della metafora!

Capitolo 11

Tutto merito delle donne se siamo diventati pacifici

Francesco Alberoni

Celebre studioso dei sentimenti umani, Alberoni è autore di vari saggi sociologici e psicologici quali *Innamoramento e amore, L'amicizia, L'erotismo* (tradotti in diciotto lingue), *Genesi, Gli invidiosi,* e *Il volo nuziale.* Insegna sociologia all'Università IULM di Milano e collabora al quotidiano *Corriere della Sera.* Il seguente articolo è tratto dalla sua rubrica (*column*) «Pubblico e Privato.»

 Prima di leggere

A. Elenca tutte le caratteristiche che, secondo te, contraddistinguono le donne dagli uomini.

Vocabolario utile

duro • aggressivo • pacifico • manesco • morbido • sensibile • fragile • battagliero • loquace • silenzioso • emotivo • razionale • ordinato • disordinato • calmo

B. Ora, considera le situazioni seguenti. Come reagiscono le donne e gli uomini?

ubriacarsi

rimanere senza soldi / senza cibo

vedere la propria terra invasa da nemici

perdere il lavoro

separarsi

innamorarsi

guidare la moto / la macchina

dare la mancia al ristorante

andare in giro la notte da solo/a

<table>
<tr><td>*La
Lettura*</td><td></td></tr>
</table>

Tutto merito delle donne se siamo diventati pacifici

Francesco Alberoni

championship / to forbid, prohibit

to break

aggressive, ready to hit / to stagger, lurch

to fold back

to mug

to come face-to-face

C'era il campionato° del mondo ed erano state proibite° le bevande alcoliche anche al ristorante. Ricordo le proteste di una signora: «Perché le hanno proibite anche a noi donne? Noi non siamo violente.

«Avete mai visto una donna ubriaca che aggredisce qualcuno e che spacca° le vetrine?»

Questa signora aveva ragione. Le donne, se hanno bevuto un po' troppo, non diventano manesche°. Di solito ridono, piangono, traballano°. Appaiono più fragili, come se fossero tornate bambine. E vien voglia di portarle a casa e rimboccare° loro le coperte.

Se ci pensate bene le donne non scippano°, non rubano, non sfasciano le cabine telefoniche, non costituiscono delle bande che si affrontano° a colpi di

crossbar / to commit, carry out / armed robberies / ambushes / to shoot with a sawed-off shotgun

to happen, occur

charge, load
these people

to overflow

in uniform / shouting

trenches / hand-to-hand combat

birth rate

to abhor, hate
to foreshadow
refined, civilized
to flourish, prosper

contested / threatened

eras

to face, confront / trades

spranga°. Non compiono° rapine a mano armata°. Nemmeno nelle zone di mafia prendono parte agli agguati°, non sparano a lupara°.

Non lo fanno nemmeno quando hanno bisogno di denaro, come le drogate per esempio. Che rubano in casa, o nei negozi, o si prostituiscono. Ma non saltano in due su una motocicletta per strappare la borsetta ad una passante.

Certo, anche le donne possono imparare la violenza, come accade° quando fanno il servizio militare o entrano in una organizzazione terroristica. Imparano a combattere, imparano a sparare. Ma queste stesse donne, ritornate alla vita di tutti i giorni, tornano ad avere le reazioni delle altre, gli stessi gusti, la stessa sensibilità.

La guerra è una creazione dei maschi, ed ha bisogno della carica° di violenza dei maschi giovani. Per decine di migliaia di anni costoro° hanno desiderato diventare cacciatori e guerrieri, uccisori di animali e di uomini.

Ed ancora oggi i popoli che amano la guerra, che vogliono la guerra, che fanno la guerra, sono i popoli giovani, che rigurgitano° di figli maschi.

Guardate le immagini che ci vengono dall'Iran e dall'Irak, due Paesi che si sono affrontati in una guerra durata quasi otto anni, con un milione di morti. Non vedete altro che uomini. Uomini in divisa°, uomini urlanti°, uomini nei caffè. Le donne non ci sono, non contano. Servono soltanto a produrre altri uomini.

Anche in Europa cinquanta o sessant'anni fa era così. E i giovani morivano a milioni nelle trincee°, negli assalti all'arma bianca°. Ma non bastava ancora. Chiedevano altre guerre, altri morti. Come accade adesso nei Paesi del Terzo Mondo e come continuerà ad accadere, inevitabilmente, nei prossimi anni. Perché il loro tasso di natalità° è più alto, perché sono società totalmente maschiliste.

Noi, in Europa, abbiamo incominciato a cambiare. Perché nascono meno bambini, perché la popolazione invecchia, perché la nostra cultura si femminilizza. Noi stiamo diventando veramente, intimamente pacifici. Una società di adulti e di donne dà importanza alla vita, vuol conservarla, vuol prolungarla, aborre° la violenza.

Così facendo noi prefiguriamo° un mondo totalmente pacificato, ingentilito°, in cui la gente vivrà incredibilmente più a lungo di oggi. Sono i primi timidi passi nella direzione di una umanità diversa che potrà fiorire° un giorno.

Ma questo esperimento è contrastato°, minacciato° dal resto del pianeta, che non è ancora nemmeno entrato nel Ventesimo secolo, ed ha tutta la violenza delle nostre epoche° passate.

Questo sarà il nostro dilemma. Pacifici, dovremmo imparare ad armarci, imparare a difenderci. Esattamente come è accaduto alle donne che hanno dovuto fronteggiare° la violenza maschile. Fino ad imparare i loro mestieri°, a diventare poliziotti e soldati. Ma senza rinunciare alla propria natura, alla propria essenza, alla propria missione.

C. Alberoni sostiene un punto di vista secondo il quale le donne sono storicamente più pacifiche degli uomini.

   1. Quali prove dà per sostenere questa linea di argomentazione?

   2. Quali fatti storici mette al servizio del suo argomento?

D. Perché, secondo Alberoni, è iniziato un cambiamento nei comportamenti degli Europei? E da quando?

E. Secondo te, Alberoni è ottimista oppure pessimista sulle possibilità di cambiamento del comportamento umano? Fai degli esempi.

F. Il linguaggio della rubrica come forma è spesso provocatorio. Lavorando in piccoli gruppi di 2 o 3 studenti, fate due elenchi—uno di tutte le parole o frasi che intendono farvi trarre delle conclusioni positive e l'altro di tutte le parole o frasi che intendono suscitare delle conclusioni negative sul tema dell'articolo. Trovate l'articolo convincente? Spiegate il motivo.

Dopo aver letto

G. Sei d'accordo con il punto di vista di Francesco Alberoni? Sviluppa una tua risposta alla sua presa di posizione in forma di lettera alla redazione del *Corriere della Sera*.

H. Nella letteratura occidentale ci sono molti esempi di società fatte da donne (per esempio, la mitica cultura delle Amazzoni) sia positive sia negative. Immagina una società costruita da donne. Come sarebbe la tua versione?

Capitolo 12

Il Novellino: tre testi del Medioevo

Cento brevi racconti scelti verso la metà del Trecento da una più ampia raccolta messa insieme da un anonimo fiorentino alla fine del Duecento. Sono storielle, aneddoti, motti, e facezie (*witticisms*) in una lingua concisa e semplice che spesso esprime un senso drammatico e una sensibilità psicologica. Ne esce l'immagine e l'atmosfera del mondo cortese ancora legato alle tradizioni e ai valori feudali.

Qui conta come la damigella di Scalot morì, per amore di Lancialotto del Lac

 **Prima di leggere**

A. Le grandi storie di amore tragico fanno parte della nostra cultura. Racconta brevemente una di queste storie, per esempio quella di Romeo e Giulietta.

B. Quando c'è una persona che ci piace tanto, che cosa facciamo per attirare la sua attenzione?

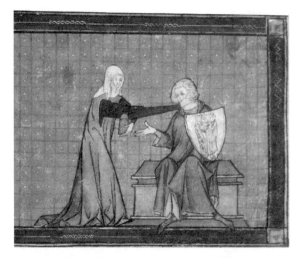

C. Quando pensi al mondo dei re e delle regine, dei cavalieri, e delle dame, quali valori e quali comportamenti ti vengono in mente?

Vocabolario utile

ricchezza • gentilezza • cortesia • nobiltà • onore • virtù • onestà • mercede • amore • cavalleria • giostra • omaggio • fedeltà

D. Come si vestiva la gente nobile ai tempi medioevali?

Vocabolario utile

oro • pietre preziose • filo d'argento e d'oro • stoffa/tessuto • seta • velluto • cintura • borsa • corona • vermiglio • smeraldo • purpureo

E. Ripasso del passato remoto. Molti verbi in questo testo sono al passato remoto. Per esercitarti nella coniugazione, cambia i verbi seguenti al passato prossimo.

1. amò

2. venne

3. fu

4. disse

5. andò

6. seppi

7. fece

La Lettura

Qui conta come la damigella* di Scalot morì, per amore di Lancialotto del Lac

vassal (feudal landholder)
excessively / because
lei
furnished
una piccola nave / *heavy*
scarlet silk / là dentro /
blankets / gems

as described below /
prima di

sail / oars / nessuno a bordo

smontarono (*the 3 p.pl.
ending* -no *of the* p. remoto
*is often absent in this
medieval text /* nessuna /
finery / Fece

nol = non lo. *I implored his
love in vain, not enough for
him to grant me his favor /*
infelice, stanca

Una figliuola d'un grande varvassore° si amò Lancialotto de Lac, oltre misura°; ma elli non le voleva donare suo amore, imperciò che° elli l'avea donato alla reina Ginevra. Tanto amò costei° Lancialotto, ch'ella ne venne alla morte e comandò che, quando sua anima fosse partita dal corpo, che fosse arredata° una ricca navicella°, coperta d'uno vermiglio sciamito°, con un ricco letto ivi entro°, con ricche e nobili coverture° di seta, ornato di ricche pietre° preziose: e fosse il suo corpo messo in questo letto, vestita di suoi più nobili vestimenti e con bella corona in capo, ricca di molto oro e di molte pietre preziose, e con ricca cintura e borsa. Ed in quella borsa avea una lettera, che era dello infra-scritto tenore°. Ma, in prima, diciamo di ciò, che va innanzi° la lettera. La damigella morì di mal d'amore, e fu fatto di lei, ciò che disse. La navicella, sanza vela°, e sanza remi° e sanza neuno sopra sagliente°, fu messa in mare, con la donna. Il mare la guidò a Camalot, e ristette alla riva. Il grido andò per la corte. I cavalieri e baroni dismontaro° de' palazzi, e lo nobile re Artù vi venne, e maravigliavasi forte, ch'era sanza niuna° guida. Il Re intrò dentro: vide la damigella e l'arnese°. Fe'° aprire la borsa: trovaro quella lettera. Fecela leggere, e dicea così: «A tutti i cavalieri della Tavola ritonda manda salute questa dami-gella di Scalot, sì come alla miglior gente del mondo. E se voi volete sapere perch'io a mia fine sono venuta, si è per lo migliore cavaliere del mondo, e per lo più villano; cioè monsignore messer Lancialotto del Lac, che già nol seppi tanto pregare° d'amore ch'elli avesse di me mercede. E così lassa°, sono morta, per ben amare, come voi potete vedere!»

lady, damsel [compare (ma)demoiselle in French]

F. Questa è una storia di «malattia d'amore».

    1. Quali dettagli nel testo ci aiutano a capire che questo amore è ossessivo?

    2. Quali sono i contrasti di carattere fra Lancillotto e la damigella che sottolineano che questa è una storia di amore mancato?

G. Descrivi gli aspetti fantastici della navicella e l'effetto del suo arrivo alla corte di re Artù.

Dopo aver letto

H. Come reagisce Lancillotto al contenuto della lettera e alla morte della damigella? Immagina che a Lancillotto venga chiesto di giustificarsi davanti alla corte. Come risponde alle accuse?

I. In molte storie di questo genere, la morte della donna e non dell'uomo è il risultato di un amore non corrisposto. Quali sono le implicazioni culturali di questa tradizione?

Come Cristo, andando un giorno co' discepoli suoi per un foresto luogo, videro molto grande tesoro

Prima di leggere

A. Due amici stanno facendo jogging in un parco vicino a casa. Ad un certo punto intravedono davanti a loro un portafoglio pieno di banconote—cinque bigliettoni da mille dollari ciascuno. Cosa fanno e perché? Scrivi il dialogo fra i due amici a proposito del dilemma morale davanti al quale si trovano.

B. Crea una situazione in cui un amico/a possiede qualcosa che tu hai adocchiato (*to covet*), per esempio, un gioiello, un vestito, una macchina. Racconta l'intreccio (*plot*) che inventeresti per ottenere l'oggetto che vuoi avere disperatamente.

C. Passato remoto. I verbi seguenti sono al passato remoto. Per continuare il tuo ripasso, cambiali al passato prossimo.

1. dissero

2. si volse

3. riprese

4. furono

5. rimase

6. rispose

7. presero

8. uccise

9. cadde

Come Cristo, andando un giorno co'* discepoli suoi per un foresto luogo, videro molto grande tesoro

to shine; brillare / *piasters (medieval coins)*

Whereupon

perché non si era fermato 5

volgere (p. remoto); girare

What you desire is what excludes most souls from our kingdom / So be it / ne sentirete l'esempio / *Poco tempo dopo / to lead / evil* 10 *deeds* (reo/a) / poi / diede / *Il primo / devi / to load up (the gold);* caricare

15

he bent to fasten the load / gli / *in betrayal (compare* tradire) / lo diede / *poisoned;* avvelenato

20

Andando un giorno Cristo co' discepoli suoi, per un foresto luogo, nel quale i discepoli, che veniano dietro, videro lucere° da una parte piastre° d'oro fine.

Onde° essi, chiamando Cristo, maravigliandosi perché non era ristato ad esso°, sì dissero: — Signore, prendiamo quello oro, che ci consolerà di molte bisogne. — E Cristo si volse°, e ripreseli e disse: — Voi volete quelle cose, che togliono al regno nostro la maggior parte dell'anime°. E che ciò sia vero°, alla tornata n'udirete l'assempro°. — E passaro oltre. Poco stante°, due cari compagni lo trovaro; onde furo molto lieti, ed in concordia andaro l'uno alla più presso villa per menare° uno mulo, e l'altro rimase a guardia. Ma udite opere ree°, che ne seguiro poscia°, de' pensieri rei che 'i nemico diè° loro! Quelli° tornò col mulo e disse al compagno: — Io ho mangiato alla villa e tu dèi° aver fame: mangia questi duo pani così belli, e poi caricheremo°. — Quelli rispose: — Io non ho gran talento di mangiare, ora, e però carichiamo prima. — Allora presero a caricare. E quando ebbero presso che caricato, quelli ch'andò per lo mulo, si chinò per legar la soma°, e l'altro li° corse di dietro a tradimento°, con uno appuntato coltello, ed ucciselo. Poscia prese l'uno di que' pani e diello° al mulo, e l'altro mangiò elli. Il pane era attoscato°: cadde morto elli e 'l mulo, innanzi che movessero di quel luogo, e l'oro rimase libero, come di prima. Il nostro Signore passò indi co' suoi discepoli, nel detto giorno, e mostrò loro l'assempro che detto avea.

🌀 Domande sulla lettura

D. La parabola è una storia esemplare. Nel Nuovo Testamento viene adoperata come strumento didattico per gli insegnamenti di Cristo. La parabola dell'amicizia che finisce male chiarisce l'ammonimento (*warning*) di Cristo ai suoi discepoli quando dice: «Voi volete quelle cose che togliono al regno nostro la maggior parte delle anime.»

1. La scoperta dell'oro inizia una serie di trasformazioni dal positivo al negativo nei confronti dell'amicizia, ad esempio, concordia > opere ree. Quali altre parole descrivono trasformazioni di questo genere?

*con i

2. Il disegno della parabola è costruito sul rapporto di causa ed effetto. Traccia le varie tappe di questo sviluppo, ad esempio:

	causa	*effetto*
a. all'inizio del complotto	trovano l'oro	vogliono rubarlo l'uno all'altro
b. quando caricano il mulo		
c. alla fine		

Dopo aver letto

E. Alla fine del testo i discepoli discutono la morale della parabola dei due amici. Inventa una conversazione tra due o tre discepoli che discutono il significato della parabola.

F. Inventa una parabola su un'esperienza che ti è accaduta e ti ha insegnato qualche cosa.

Qui conta come uno mercatante portò vino oltre mare, in botti a due pàlcora, e come intervenne

Prima di leggere

A. Attraverso i secoli ci sono sempre stati degli onesti e dei disonesti nel mondo degli affari. Descrivi brevemente un caso, vero o immaginario, di pratica commerciale fraudolento.

Vocabolario utile

denaro • guadagno • inganno • truffa • tangente • svendita • ingannare • truffare • imbrogliare • defraudare • raddoppiare • acquistare • approfittare di • speculare su • trattare • sfruttare • doloso • abusivo • fraudolento • rubato • furbo

B. Gli esseri umani si credono sempre più intelligenti degli animali. Ma può capitare che le azioni di un animale siano più giuste di quelle di un uomo o di una donna. Inventa una storiella in cui un animale si dimostra più abile ed astuto di una persona.

Qui conta come uno mercatante*
portò vino oltre mare†, in botti a due
pàlcora‡, e come intervenne

spigot
appena
una nave / giudizio   5
monkey / small bag
climbed to the top of the
mainmast / Loro / for fear
he would throw it in the
sea / cajoling him / La
bertuccia; Gibraltar   10
monkey / sciogliere
(p. remoto); to untie

Un mercatante portò vino oltre mare, in botti a due pàlcora. Di sotto e di sopra avea vino, e, nel mezzo, acqua; tanto che la metà era vino e la metà acqua. Di sotto e di sopra avea spilletto°, e nel mezzo no. Vendero l'acqua per vino e radoppiaro i danari sopra tutto lo guadagno: e, tosto che° furo pagati, si montaro in su un legno° con questa moneta. E, per sentenza° di Dio, apparve in quella nave un grande scimmio°, e prese il taschetto° di questa moneta e andonne in cima dell'albero°. Quelli°, per paura ch'elli nol gittasse in mare°, andaro con esso, per via di lusinghe°. Il bertuccio° si pose a sedere e sciolse° il taschetto con bocca, e toglieva i danari dell'oro, ad uno ad uno. L'uno gittava in mare, e l'altro lasciava cadere nella nave. E tanto fece, che l'una metà si trovò nella nave, col guadagno che fare se ne dovea.

*merchant; mercante
†overseas
‡in barrels with two hidden dividers forming three compartments

C. La conclusione del racconto è ironica. L'ironia è un modo di discorrere che dà alle parole, alle intenzioni, o alle speranze un senso opposto a quello che ci si aspettava. Spiega l'ironia nelle azioni della scimmia.

D. Il mercante e la scimmia sono i due personaggi principali del breve racconto. Come si assomigliano e come sono diversi?

Dopo aver letto

E. Il mercante giunge a terra e deve spiegare al suo socio che cosa è successo sulla nave e perché non è tornato con il guadagno raddoppiato. Scrivi un dialogo tra i due truffatori.

F. Il desiderio di un personaggio motiva spesso la narrativa di un racconto. Descrivi il desiderio di ognuno dei personaggi principali di questi tre «novellini» e paragonane le conseguenze quando questi desideri non si avverano.

G. Questi tre racconti si possono anche leggere come favole, ognuno con la sua morale conclusiva. Identifica la morale di ogni storia, confrontandole fra loro.

Capitolo 13

Pace non trovo e non ho da far guerra

Francesco Petrarca

Con il buon padre Dante ed il brioso Boccaccio, il Petrarca è una delle «tre corone» della letteratura medievale. Fu poeta ed ambasciatore e viaggiò in vari paesi d'Europa. Nacque ad Arezzo il 20 luglio 1304 e morì nella sua villetta di Arquà vicino a Padova il 19 luglio 1374. Il suo capolavoro, *Il Canzoniere*, un insieme di sonetti, canzoni, madrigali ed altre forme liriche, canta la storia del suo fatale amore per una giovane, che egli incontrò il 6 aprile 1327 nella chiesa di Santa Chiara ad Avignone in Francia. La cantò con il poetico nome di Laura. La poesia di Petrarca ha influenzato tutta la lirica amorosa italiana ed europea.

Prima di leggere

A. Quasi tutti hanno conosciuto l'amore non corrisposto, cioè la tristezza di sapere che la persona che tu ami non ti ama con la stessa intensità oppure non sa nemmeno che tu l'ami. Adesso immagina questa situazione *in extremis*: la frustrazione pazzesca di questo amore ti fa girare la testa. Quali sensazioni o emozioni contrastanti provi?

Vocabolario utile

combattere • fare la pace • avere niente • possedere tutto • vedere chiaramente • essere accecato/a • vivere • morire • gridare • tacere • ridere • piangere • amare • odiare • sperare • avere paura • avere caldo • bruciare • avere freddo • volare • cadere per terra • sentirsi libera/o • sentirsi imprigionata/o • essere impazzita/o • provare gelosia • soffrire

Pace non trovo e non ho dar far guerra

Francesco Petrarca

1
Pace non trovo e non ò da far guerra,
e temo e spero, et ardo e son un ghiaccio,
e volo sopra 'l cielo e giaccio° in terra,
e nulla stringo° e tutto 'l mondo abbraccio.

to lie
to hold tight; tenere stretto

2
Tal° m'à in pregion, che non m'apre né serra°,
né per suo mi riten né scioglie il laccio°,
e non m'ancide° Amore e non mi sferra°,
né mi vuol vivo né mi trae d'impaccio°.

Someone / to lock
nor undoes the tie that binds me / non mi uccide / *to free from chains;* liberare / *nor relieves my embarrassment* /
Vedo

3
Veggio° senza occhi e non ò lingua e grido,
e bramo di perir° e cheggio aita°,
et ò in odio me stesso ed amo altrui°.

I long to die / chiedo aiuto
someone else

4
Pascomi di dolor°, piangendo rido,
egualmente mi spiace morte e vita:
in questo stato son, Donna, per vui.

I feed on my pain; Mi pasco di dolore

Domande sulla lettura

B. Il sonetto è una poesia a forma fissa composta di due **quaternari** (*four-line stanzas*) e due **terzetti** (*three-line stanzas*) con qualche variazione di rima nei terzetti. Evidenzia le parole che rimano in questo sonetto e spiega il rapporto di somiglianza (*resemblance*) e contrasto tra queste parole accoppiate. Per esempio, (far) guerra / (giacere) in terra.

C. Il richiamo ai sensi è un elemento molto importante in questo sonetto. Elenca tutti i contrasti che tu riesci a trovare e che riguardano le sensazioni fisiche. Per esempio, ardere / essere di ghiaccio.

D. A parte quello fisico, quali stati mentali contrastanti puoi rilevare dal sonetto?

E. Lo stato d'animo del poeta sembra essere il risultato di una situazione impossibile.

    1. Il poeta è prigioniero di se stesso o di Laura (cioè, si è imprigionato lui stesso nei propri sentimenti frustrati)?

    2. In che misura la donna amata dal poeta si accorge del suo amore e delle sue sofferenze?

Dopo aver letto

F. Scrivi una risposta di Laura (sappiamo il suo nome benché non venga menzionato in questa poesia) al Petrarca. La sua risposta può essere in prosa o in poesia.

G. Paragona questo amore doloroso ad un amore felice o infelice che tu hai conosciuto nella tua vita, scrivendo la tua versione moderna del sonetto di Petrarca.

H. Seguendo l'esempio di Petrarca, elenca i contrasti fisici ed emotivi che può sentire una persona che soffre del mal d'amore. Poi fai in prosa il ritratto fisico ed emotivo di questa persona.

La strada

Federico Fellini

Da «Luci del varietà» (1950) a «La voce della luna» (1990), Federico Fellini [Rimini 1920–Roma 1993] girò ventiquattro film, un universo surreale e fantastico abitato da centinaia e centinaia di personaggi grotteschi, teneri ed inquietanti che compongono una galleria unica. Il regista ha saputo coniugare l'arte e la vita in modo particolare nei suoi film autobiografici. Fu amico di Pier Paolo Pasolini e di Italo Calvino. Questi artisti rappresentano tre punti di riferimento nella cultura italiana. Dopo la sua morte il regista Francesco Rosi disse: «Cosa volete che vi dica? Non posso dirvi il vuoto che lascia un genio, un uomo che ha dato all'Italia tutta la sua più grande arte.»

Prima di leggere

A. Tu ed un'amica/un amico dovete far parte di uno spettacolo di varietà. Inventa un «numero» comico con «gags», umorismo mimico, giochi di parole, barzellette; insomma, tutto quello che pensi possa far ridere gli spettatori. Descrivi questo «numero» in un breve paragrafo, tenendo conto delle reazioni del pubblico: battimano (applauso), risate, fischi (*booing*).

B. Dopo lo spettacolo.   Sei a cena in un ristorante carino con una persona che conosci da poco tempo ma che ti piace. Vorresti conoscerla meglio, ma sei un po' timida. All'improvviso un'altra persona si presenta ed incomincia ad amoreggiare (flirtare) con il tuo amico/la tua amica. Come reagisci? Descrivi tutta questa scena, con dialogo e movimenti dei personaggi, in forma di sceneggiatura.

c. Guarda la foto presa dal film «La strada», e descrivi il rapporto che intuisci tra questi due personaggi.

1. Com'è il loro carattere? Si amano?

2. Che cosa ti dicono le loro facce?

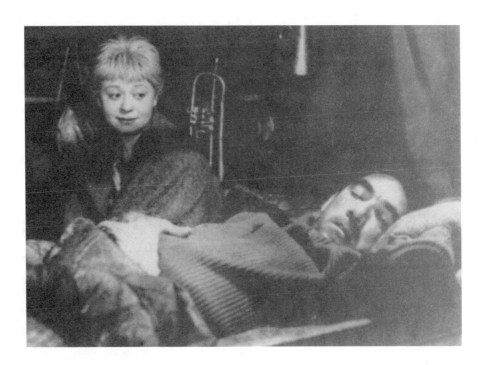

La strada 📟

Federico Fellini

SEQUENZA III
DEBUTTO DI GELSOMINA. ZAMPANÒ LE OFFRE UN PRANZO IN UN VERO RISTORANTE
POI SE NE VA CON UN'ALTRA DONNA. SOLITUDINE DI GELSOMINA CHE ASPETTA
TUTTA UNA NOTTE E TUTTO UN GIORNO.

(Rullo del tamburo.)

Zampanò, a torso nudo e in costume da spettacolo, con il petto avvolto° dalla
catena, si sta rotolando nella polvere, sul tappetino lurido, in mezzo a un cerchio
di gente. È sudato e ansante.° Gelsomina, il volto° sporco di biacca°, gli occhi
cerchiati di nerofumo e la punta del naso tinta di rosso, è ritta accanto al
carretto°, suona il tamburo e fissa, in silenzio, Zampanò. Ha la tuba sfondata° in
testa, il pastrano° militare.

(Grida, vociare°, ecc.)

Intorno, nella piazzetta di paese, c'è il movimento e il rumore dei giorni di
mercato: grida di venditori ambulanti, vociare, ecc. Gelsomina piega gli occhi sul
tamburo ed esitante, come vergognandosi, lo percuote con le bacchette.°

(Breve rullo del tamburo.)

Zampanò si solleva da terra, sudato e impolverato; getta in un canto° le catene,
incominciando a vestirsi da pagliaccio°, davanti a tutti... e prosegue:

Zampanò Ed ora si va a fare una farsa tutta da ridere. (*a qualcuno del pubblico*)
Salute... Salute capo... Ah, se c'è qualche malato di cuore è meglio che non
guardi potrebbe morire dalle risate °... E siccome noi lavoriamo per la fabbrica
dell'appetito...

Zampanò sbuca° da dietro il motocarro. È vestito da pagliaccio e tiene in mano
un fucile°, si rivolge a Gelsomina gridando forte:

Zampanò Buongiorno, «sirognina». Gelsomina, scusate se ve lo chiedo, vi fa
paura il mio «ciufile»?

Gelsomina lo saluta militarmente.

Gelsomina Zampanò!

Rimane zitta e ferma gettandosi attorno uno sguardo. Zampanò attende° un
attimo, poi gridando più forte si avvicina minaccioso a Gelsomina.

Zampanò Allora, se non le fa paura, andiamo a caccia con il «ciufile».

Gelsomina rimane ancora un attimo immobile, poi grida fortissimo tutto d'un
fiato girando attorno facendo delle smorfie°.

Gelsomina Ah! Ah! Ah! Non si dice «ciufile», si dice fucile, ignorante!

Il pubblico ride e batte le mani, Zampanò barcolla goffamente°, mentre
Gelsomina si guarda attorno divertita, come per spiare l'effetto della sua battuta°.

Glossary (margin):
- avvolgere; *wrapped around*
- *sweating and out of breath / face / clown makeup*
- *standing stiffly next to the wagon / beat up topcoat shouting*
- *to beat it with drumsticks*
- *corner*
- *clown*
- *laughter (compare* ridere)
- *to pop out (compare* un buco) / *shotgun*
- aspettare
- *in one breath, turning about and making faces*
- *to stagger clumsily clever remark*

tails

Gelsomina si sta eccitando, si piega un poco sulle gambe sollevando e agitando le falde° del pastrano.

to sound a lot like hunted game / instead of shooting at quail
ducks

35 **Zampanò** (*sempre urlando*) Bravissima, «sirognina» Gelsomina!... Avete fatto così bene il verso della selvaggina°, che adesso io mi sbaglio, e invece di spararci alle quaglie°, io vi sparo a voi.

Gelsomina Ma dove sono queste anitre°?

to take aim

Zampanò gira adagio su se stesso. Con il fucile in mano come a mirare° ad
40 un'eventuale selvaggina.

Zampanò E va bene. Se le anitre non ci sono, voi fate l'anitra e io il cacciatore.

Zampanò ha ora preso di mira Gelsomina che ha incominciato a saltellare in tondo.

Zampanò Ma se non state ferma, come faccio io a spararvi?...

esplosione / to frighten

45 Gelsomina è sempre più eccitata ma l'attesa del botto° imminente la spaventa°. Ad un certo punto si ferma, si tappa le orecchie e prima ancora che Zampanò abbia sparato, si lascia cadere per terra.

una nuvola

Zampanò spara: il fucile fa un colpaccio con una nube° di polvere; Zampanò cade riverso per il colpo.

50 (Colpo di fucile. Risate.)

a ridiculous attitude

Si rialza e protesta con atteggiamento buffonesco°.

donkey; asino

Zampanò Ma questa non è un'anitra, è un somaro°.

curled up

Gelsomina, raggomitolata° per terra, nella polvere, apre gli occhi adagio guardando la gente che ride e si rialza. Si volta anche Zampanò.

55 **Zampanò** Adesso la mia signora passerà fra voi con il cappello per le offerte.

to get ready

Gelsomina sorride e si appresta° a fare il giro per le offerte. (Dissolvenza.)

Piazza paese – Giorno

La porta che mette in strada viene aperta dall'esterno e Zampanò entra, soffermandosi sulla soglia. Lo stanzone è affollato di venditori ambulanti,

livestock
signal, gesture

60 mercanti di bestiame°, contadini. Zampanò si guarda attorno con ostentata sicurezza, si volge a mezzo verso l'esterno e fa un cenno° di richiamo con un dito, avanzando poi verso il fondo della stanza. Gelsomina entra a sua volta, e segue Zampanò. È visibilmente eccitata e commossa; è la prima volta che entra in una trattoria. Zampanò, passando, saluta con un cenno della mano, di
65 cordialità quasi solenne, qualche conoscente; ci tiene ad essere conosciuto e salutato.

Zampanò Ciao!... Ciao, Medini!...

si ferma

Quest'ultimo sta mangiando seduto a un tavolo in fondo alla sala, dove Zampanò si arresta°. Ricambia il saluto.

70 **Medini** Ciao, Zampanò.

Zampanò gli batte una mano sulla spalla con cordialità protettiva e scherzosa.

Zampanò Ohè, Medini. Come va?...

E poiché Gelsomina lo ha raggiunto e si è fermata lì accanto, la presenta con compiaciuta e distaccata superiorità°.

with complacent and detached arrogance

Zampanò Ti presento la mia signora.

Medini senza alzarsi tende una mano a Gelsomina.

Medini Tua moglie? Questa è un'altra delle amiche tue. Tanto piacere.

Gelsomina Di Costanzo Gelsomina. Piacere.

Medini indica il proprio piatto con la formula d'uso°.

as is customary

75 **Medini** Mettetevi a sedere.

Zampanò No, no, no, mi metto qua.

Zampanò spinge Gelsomina verso un tavolo libero, poco discosto° e si mettono a sedere entrambi.

not far away

Zampanò Cameriere!...

80 Gelsomina, premurosa° e piena di buona volontà, si alza in piedi offrendosi.

eager

Gelsomina Vado io?...

Zampanò la respinge a sedere con una manata.

Zampanò No, sta lì.

Batte sul tavolo gridando.

85 **Zampanò** Cameriere!...

Voce Vengo, vengo. Ecco il vino!

Zampanò Mangiare.

Un uomo sudato, con le maniche rimboccate°, piomba° accanto al tavolo buttando con rapidità due piatti e alcune posate davanti a Gelsomina e 90 Zampanò. Poi mette davanti a Zampanò una lista già logora e macchiata° chiedendo frettolosamente°. Zampanò sta guardando con solennità la lista, ma ci capisce poco. Gelsomina volge lo sguardo dall'uno all'altro, in attesa ansiosa ed ammirativa. Più per guadagnare tempo che per altro, Zampanò dice con ostentazione a Gelsomina.

sleeves rolled up / to land heavily (compare il piombo) lead / tattered and stained hurriedly

95 **Zampanò** Tu cosa prendi?

Gelsomina non esita. Accenna col capo verso il garzone e risponde:

Gelsomina Quello.

Garzone Quale? Abbacchio o spezzatino°?

Grilled lamb chop or stew

Gelsomina Tutti e due.

100 Zampanò non si dimostra affatto sorpreso. Ordina:

Zampanò E va bene, tutti e due. Per me pasta e abbacchio.

Garzone Va bene.

Zampanò E un litro rosso.

Garzone Va bene.

105 E il garzone parte rapidamente. Zampanò si è infilato tra i denti uno stecco e, i gomiti sulla tavola, gli occhi socchiusi, il volto impenetrabile, osserva la gente che affolla il locale, completamente dimentico di Gelsomina, che, a sua volta, si mette timidamente uno stecchino in bocca.

dissolve (film) (Dissolvenza incrociata.)°

trattoria 110 *Interno osteria° paese*

jugs Sul tavolo stanno i resti del pranzo, e diversi boccali° vuoti. Gelsomina sta finendo di mangiare con avidità. Pulisce coscienziosamente il piatto con della

the soft center mollica° di pane.

Tutto intorno c'è un gran vociare confuso. Lentamente Gelsomina alza e ferma

115 lo sguardo su Zampanò, che, seduto di fronte a lei, rosso e gonfio, sta ancora bevendo.

Gelsomina, quasi senza alzare il capo dal tavolo, lo fissa con curiosità quasi

tender tenera°; poi gli chiede:

Gelsomina Zampanò, ma voi di dove siete?

crude 120 Zampanò la guarda un po' sorpreso e subito chiuso e diffidente malgrado l'euforia. Ride, risponde con uno scherzo greve° ed elusivo.

Zampanò Del mio paese.

E Zampanò ride di nuovo; Gelsomina sorride e riprende:

Gelsomina Voi non parlate come nei nostri paesi. Dove siete nato?

125 Zampanò ripete gravemente lo scherzo, che è tuttavia un'istintiva difesa:

Zampanò A casa di mio padre.

melodramatically E di colpo, euforico, istrionicamente° cordiale, lancia un richiamo a una donna
shapely molto formosa°, dipinta, vestita poveramente ma con pacchiana e patetica
trying to show off in a pretesa di vistosità°, che sta frugando° nella valigia di un venditore ambulante.
vulgar and pathetic way /
to rummage 130 **Zampanò** Ehi!... Roscia!... Vieni qua!...

La donna si avvicina con un sorriso; tutto in lei ha qualcosa di animalesco e insieme di infantile.

Zampanò Cosa fai?

Puttana Niente.

135 Zampanò versa del vino in un bicchiere e le dice:

Zampanò E allora siedi qui.

Gelsomina si alza premurosa e sorridente, facendo posto alla sconosciuta, senza

prostituta nemmeno sospettare che si tratta di una puttana°.
clumsy flirtatiousness / La puttana siede con goffa civetteria° accanto a Zampanò pesantemente°.
heavily
140 **Puttana** Io mi metto qui...

pinch		E ride forte, a sproposito. Zampanò le dà una manata sulle spalle e un pizzicotto°; la donna ride di nuovo.

Zampanò Vuoi da bere?

Puttana Grazie.

145 **Zampanò** (*al cameriere*) Dov'è questo vino?

to strike

Zampanò si frega° un fiammifero sul fondo dei calzoni, intanto la donna si è di nuovo voltata a guardare Gelsomina che non è ancora riuscita a classificare. Gelsomina la sta contemplando con simpatia; e le sorride candidamente.

Puttana (*a Gelsomina*) Non mi piace per niente questo posto. No.

taken aback, stymied
to blow
with tired nonchalance

150 La donna, un po' interdetta°, torna a volgersi verso Zampanò tendendo al fiammifero la sigaretta, che tiene goffamente tra le labbra appuntite. Poi soffia° il fumo e chiede, con faticosa disinvoltura°:

Puttana Ma io devo già averla vista a lei...

Zampanò Può darsi, vado sempre in giro.

155 **Puttana** Eh! Ah!

Garzone Ecco il vino.

Sul tavolo viene posato il litro con il vino che Zampanò provvede subito a versare nel bicchiere della puttana e di Gelsomina.

Puttana (*a Gelsomina*) Avete già mangiato?

160 **Zampanò** Sì.

clinking glasses

Zampanò, la puttana e Gelsomina bevono brindando°.

Puttana Ma dove vi ho visti? Che lavoro fate?

Zampanò Io sono un artista viaggiante. (*indicando Gelsomina*) Quella è la mia assistente. C'ho insegnato tutto io. Quando l'ho presa non sapeva neanche

to bray 165 ragliare°.

coarsely

La puttana scoppia a ridere sguaiatamente°. Gelsomina fa una smorfia buffa di soddisfazione.

Zampanò Guarda. Guarda. Senti un po'... che roba.

170 Zampanò arrotonda i muscoli del braccio, prende una mano della donna e le fa sentire i bicipiti.
La puttana scoppia di nuovo a ridere, con un'ammirazione solo in parte esagerata.

Puttana Eh, che omaccio...

charlatan-like / handful
crumpled 175

Zampanò, con un gesto ciarlatanesco°, ha tratto dalla tasca una manciata° di carta moneta, stropicciata° e sporca e la posa sul tavolo.

Zampanò Guarda qui. In un'ora. Tutti guadagnati con questi (*e si tocca i muscoli*).

La donna fa l'atto di prendere dal mucchio un biglietto da cento lire, chiedendo in tono di scherzo sforzato.

	180 **Puttana** Posso prenderne uno?
	Zampanò Furba lei! Eh, eh!
	Zampanò non ride. Le dà una botta sulla mano, tornando a infilare i soldi in tasca. La puttana ride forte.
	La puttana si alza e abbraccia Zampanò:
stink	185 **Puttana** Ragazzi! Avanti, andiamo fuori, qui c'è una puzza°. Andiamo a vedere i
fireworks	fuochi d'artificio°.
bottles, flasks	**Zampanò** Sì. Andiamo, va. Cameriere dammi due fiaschi° di vino. Quanto pago?
	Zampanò finisce di bere.
	Mette sul tavolo alcuni biglietti di banca, si alza e si dirige verso l'uscita
	190 precedendo le due donne.
	Passando dinanzi al banco prende e paga due fiaschi di vino.
	Zampanò Ciao, Medini!... Ciao...
	Gelsomina e la puttana lo seguono; Zampanò esce in strada.

Esterno strada paese – Notte

	195 Non è tardi, ma la strada è già semideserta.
	Zampanò, Gelsomina e la puttana escono dall'osteria dirigendosi verso la
trailer (la macchina di Zampanò) / *travelling salesman*	roulotte°, ferma lì accanto. Zampanò si rivolge ad un ambulante° seduto presso il suo banco di mercanzie.
	Zampanò Ehi, ambulante.
	200 **Ambulante** Buona sera.
	Zampanò Come vanno gli affari?
	Ambulante Beh, così...
	Zampanò porge i fiaschi a Gelsomina.
	Zampanò Su, metti dentro i fiaschi.
staggering	205 Gelsomina prende i fiaschi e aiuta Zampanò, che avanza barcollando°, ad indossare il giaccone di pelle.
	Zampanò (*alla puttana*) Ehi, rossa, dove vai? Monta su.
	Puttana Ma che cos'è questa roba? La tua macchina?
	Zampanò Perché non ti va bene per caso?
spanks	210 Zampanò mentre dice questa battuta dà due sculacciate° alla puttana spingendola verso la motocicletta.
	Puttana Ma che, è matto?
	Zampanò sale sulla moto, la puttana gli si siede accanto, seguitando a ridere al suo solito modo.
	215 **Zampanò** È americana... Devis... In sette anni non si è mai fermata una volta... Senti che motore.

Zampanò accende il motore e la puttana gli si aggrappa per tenersi ferma.

Puttana Oh, mio Dio, ma che fa. Oh, mio Dio...

Gelsomina accorre e chiede a Zampanò:

220   **Gelsomina** Allora io monto dietro.

    Zampanò Tu aspetta qui.

narrow street   Il motociclo parte e si allontana per la viuzza° mentre Gelsomina grida.

    Gelsomina Ma dove andate?

bewildered and lost   Gelsomina rimane sola e si guarda attorno sconcertata e smarrita°.

225   (Dissolvenza.)

Esterno strada paese – Notte

on the curb   Gelsomina è seduta sul gradino° del marciapiede. La strada è buia e deserta. Un
His heavy trot resounds   cavallo, tutto solo, le passa davanti. Il suo scalpiccio rimbomba° sull'asfalto della
    strada.

230   (Dissolvenza.)

 ## Domande sulla lettura

D. Le donne.   Gelsomina e la puttana sono due donne molto diverse l'una dall'altra. Con l'aiuto dello schema seguente, elenca queste differenze:

    1. l'apparenza fisica

        la faccia

        il trucco

        i vestiti

        il carattere

        il comportamento

2. Il linguaggio: Come parlano? Descrivi di ciascuna il modo di comunicare i propri sentimenti.

3. Qual è il rapporto tra il modo di esprimersi di ciascuna e il suo carattere?

4. Come si comportano con Zampanò?

E. Il «machismo».   Prova ad analizzare il maschilismo di Zampanò:
   1. Che cosa significa «la zampa»?

   2. Come si comporta Zampanò con gli altri?

   3. A tuo parere perché si comporta così?

F. Fellini ha scritto a proposito della relazione tra Gelsomina e Zampanò che «*La strada* è nato dall'idea di un uomo e una donna che vivono insieme, ma apparentemente, giacché (*since*) lontanissimi l'uno dall'altra.» Descrivi le loro interazioni ed il modo di comunicare o di non comunicare tra loro:
   a. durante lo spettacolo, quando debutta Gelsomina

   b. al ristorante

c. per la strada quando tornano alla roulotte

 Dopo aver letto

G. Rimasta sola durante la notte, quali sono i pensieri di Gelsomina? Che cosa pensa di Zampanò? della puttana? Scrivi un monologo interiore che rappresenti lo stato d'animo di Gelsomina.

H. Sviluppa il tema seguente: Gelsomina e Zampanò, per la loro natura, sono destinati a non comprendersi mai. Oppure, se non sei d'accordo con quest'affermazione, credi che esista una comunicazione spontanea tra di loro e quindi un legame muto (*unspoken bond*) che collega l'una all'altro?

Capitolo 15

Do Your Movie Yourself

Umberto Eco

Umberto Eco (Alessandria 1932) ha molteplici talenti: è giornalista, critico letterario, semiologo, medioevalista, ed autore fra altri del popolarissimo romanzo *Il nome della rosa*. Il testo che state per leggere fa parte di una rubrica che apparve regolarmente sin dal 1959 nella rivista *Il Verri*, annotando osservazioni di costume e parodie ispirate dall'attualità. «Soggetto multiplo per Ermanno Olmi» è una parodia dello stile narrativo cinematografico di questo regista contemporaneo che girò «L'albero degli zoccoli» («The Tree of the Wooden Clogs»). Secondo Eco «una delle prime e più nobili funzioni delle cose poco serie è di gettare un'ombra di diffidenza (*mistrust*) sulle cose troppo serie—e tale è la funzione seria della parodia.»

Prima di leggere

A. Un racconto è un insieme di vari elementi narrativi e descrittivi. Questi elementi possono variare molto e questo fatto contribuisce alla ricchezza della letteratura. Fra questi elementi ci sono i personaggi e il loro carattere, il dialogo, le azioni, il luogo, e l'ambiente. Adesso inventa un breve racconto lungo al massimo un paragrafo (3–4 frasi) nel quale c'é

- **a.** un personaggio
- **b.** con un aggettivo che descrive il suo stato emotivo
- **c.** che va in un certo posto (che tu identificherai)
- **d.** poi **torna** in un altro posto
- **e.** dove **trova** un'altra persona (pure descritta da un altro aggettivo se ti senti veramente creativa/o)
- **f.** Allora il tuo eroe o la tua eroina fa un'altra azione che non ha necessariamente un rapporto con le azioni precedenti
- **g.** **parlando con** una terza persona
- **h.** e poi **capisce** qualcosa
- **i.** e resta lì a fare qualcosa.

Usa le parole in grassetto (*boldface*) per collegare gli elementi del tuo racconto. Divertiti usando la tua fantasia.

B. **Il mondo del cinema.** Conosci i registi italiani e americani? C'è un regista i cui film ti piacciono in modo particolare? Descrivi il tipo di film che fa questo cineasta.

Vocabolario utile

Registi: Antonioni • Bertolucci • Tornatore • Wertmuller • Scorsese • Altman • Coppola • Lucas • Spike Lee • Greenaway • Campion • Redford

avventura • suspense • fantascienza • commedia • dramma • thriller • neo-realismo • comico • serio • bizzarro • storico • politico • psicologico • esotico • militare • aristocratico • misterioso • erotico • europeo • etnico • documentario

---

La Lettura

Do your movie yourself

Umberto Eco

SOGGETTO MULTIPLO PER ERMANNO OLMI

forester / native

Un tagliaboschi[a][o] disoccupato[b] vaga a lungo[c] poi torna al villaggio natio[d][o] e trova la mamma[e] morta[f]. Passeggia nei boschi[g] parlando con un vagabondo[h], poi capisce[i] la bellezza degli alberi[l] e resta lì[m] a pensare[n].

---

former partisan (covert opponents of the Fascist regime in WWII) without goals in life / Fired / cogliere (participio passato); Overwhelmed	a	Un giovane appena arrivato in città. Un ex partigiano°. Un executive deluso. Un alpino. Un minatore. Un maestro di sci.
	b	Sovraoccupato. Triste. Che non ha più scopi°. Malato. Licenziato°. Colto° da senso del vuoto. Che ha perduto la fede. Che ha riacquistato la fede. Dopo una visione di Papa Giovanni.
	c	Brevemente. Guida su autostrada una mini Cooper. Porta un autocarro da Bergamo a Brindisi.
sawmill / hut	d	Nella segheria° del fratello. Nella baita° di montagna. A Pizzo Gloria. A Chamonix. Al Lago di Carezza. A piazzale Corvetto nella tabaccheria del cugino.
close relative / parish priest	e	Altro parente di primo grado°. La fidanzata. L'amico. Il parroco°.
	f	Malata. Diventata prostituta. Che ha perso la fede. Che ha riacquistato la fede. Che ha avuto una visione di Papa Giovanni. Partita per la Francia.
lost in an avalanche		Travolta da una valanga°. Intenta alle piccole cose di sempre.
Pope John XXIII's birthplace	g	Sull'autostrada. Intorno all'Idroscalo. A Rogoredo. Tra le nevi immacolate. A San Giovanni sotto il Monte°. Nei corridoi di una agenzia di pubblicità molto alienata.
	h	Con un ex alpino. Col parroco. Con Monsignor Loris Capovilla. Con un ex partigiano. Con una guida alpina. Col maestro di sci. Col capo dei tagliaboschi. Con l'executive di una agenzia di industrial design. Con un
from southern Italy		operaio. Con un disoccupato meridionale°.
	i	Non riesce a capire. Ricorda. Riscopre. Viene a sapere attraverso una visione di Papa Giovanni.
	l	Delle nevi. Del cantiere. Della solitudine. Dell'amicizia. Del silenzio.
	m	Va via per sempre.
	n	Senza pensare più nulla. Senza più scopi nella vita. Con un nuovo scopo nella vita. Facendo una novena a Papa Giovanni. Diventando tagliaboschi (guida alpina, vagabondo, minatore, portatore d'acqua).

Domande sulla lettura

C. La satira è una forma letteraria composta di elementi eterogenei che pone in ridicolo le debolezze e i vizi umani. Il testo di Eco satireggia un mondo futuro in cui ognuno potrà fare i suoi propri film in base a un vasto repertorio di elementi prescelti. Questi elementi si potranno abbinare in una gran varietà di trasformazioni. Quelle che Eco ci offre qui sono spesso comiche per la loro dimensione esagerata o per la combinazione di due cose che vengono combinate insolitamente. Il loro abbinamento ci fa ridere.

1. Fai un esempio di elementi trasformativi da *a* a *n* che ti sembrerebbe possibile o realistico se lo vedessi sullo schermo (*screen*).

2. Adesso scrivi una serie di elementi che hai abbinato nel modo meno realistico possibile, cioè in quello più insolito e fantastico. Questa seconda trasformazione sarebbe una parodia della prima.

D. Gli obiettivi della parodia. «Un ex-partigiano triste» non è buffo in sé ma quando le azioni di questa persona lo conducono a una baita in montagna dove trova la fidanzata diventata prostituta, l'intensificazione esagerata di questo movimento un po' incoerente ci fa ridere. Un testo parodico contraffà (*mimics*) con intento comico o satirico un'opera conosciuta. Elenca brevemente i bersagli (*targets*) delle frecce (*arrows*) satiriche di Eco nelle categorie seguenti.

1. tipi di persona o personalità

2. situazioni

3. problemi psicologici o personali

Dopo aver letto

E. Continuando il tuo commento su un regista americano o italiano nell'esercizio B, inventa e riordina in ordine alfabetico una serie di trasformazioni assurde o probabili che si riferiscono all'opera filmica di questo regista. Potresti rifare un film molto popolare che tutti conoscono.

F. Sviluppa la tua prima narrazione dell'esercizio A, con altre trasformazioni serio-comiche, drammatiche, o parodistiche.

Capitolo 16

Pubblicità II: Cin cin!

Ecco i messaggi pubblicitari per tre bevande tipicamente italiane—due aperitivi e un vino bianco—che perpetuano delle immagini stereotipate. Come le vedi? Cerca di capire la loro strategia di vendita.

Prima di leggere

A. Che cosa bevi di solito in ciascuno di questi momenti di una giornata tipica?

la mattina a colazione _____

a tavola la sera _____

mentre stai studiando _____

dopo la ginnastica _____

Adesso immagina che cosa bevono gli Italiani nelle seguenti situazioni:

la mattina a colazione _____

a tavola la sera _____

al caffè con gli amici _____

dopo aver fatto uno sport _____

B. Pubblicità o propaganda?   Molto spesso la pubblicità cerca di convincerci che un prodotto ci offra certe qualità attraenti o addirittura (*even*) realizzi certi nostri desideri se lo usiamo. Per esempio una pubblicità per la Coca-Cola ci invita a far parte di una generazione giovane e dinamica di consumatori. Indica le qualità che ti evocano le bevande seguenti:

il latte _____

il caffè _____

l'aperitivo _____

il vino bianco _____

Adesso scrivi una o due frasi che spiegano perché la gente beve ciascuna di queste bevande.

Vocabolario utile

giovinezza • vitalità • dinamismo • forza • amabilità • sensualità • purezza • innocenza • frenesia • conformismo • essere chic • essere di buonumore • essere popolari o socievoli • svegliarsi • mantenere la salute • nutrirsi di calcio per le ossa • divertirsi • rilassarsi • sedurre • ubriacarsi • chiacchierare • conoscere meglio una persona • sveglio • robusto • sofisticato • romantico • forte • innamorato • sportivo • intellettuale • erotico

C. Sempre in chiave di comunicazione pubblicitaria, immagina un tramonto (*sunset*) sul mare. Usa le parole seguenti per descrivere questa scena—i colori, le sensazioni, e le emozioni:

Vocabolario utile

barca a vela • motoscafo • la fine/il fine di un viaggio • cielo illuminato • nuvole • ultimi raggi del sole • barlume • superficie del mare • onde • vento • prospettiva • riposarsi • fantasticare • dormire • lavorare • viaggiare • godersi • agitarsi • sognare a occhi aperti • gettare l'ancora • rosso • rosa • viola • giallo • blu • bianco • magenta • nero • arancione • grigio • vivo • calmo • agitato • tranquillo • liscio • luminoso

D. L'uomo e la donna. Per comunicare i suoi messaggi la pubblicità italiana (ed anche quella americana) si riferisce spesso a stereotipi o ideali della cultura contemporanea. Si noti l'importanza di questa strategia commerciale nelle pubblicità in cui il prodotto viene associato ad un ideale maschile o femminile—un bell'uomo o una bella donna.

1. Secondo le tue idee ed esperienze personali, fai una lista delle parole che descrivono un uomo e una donna stereotipati nell'ambito della cultura popolare.

2. Adesso inventa una pubblicità a colori per l'abbigliamento maschile o femminile (per esempio, una gonna, un paio di pantaloni, una maglia, o un vestito).

⟳ Domande sulle pubblicità

E. La signorina Campari
  1. Descrivi ciò che vedi e ciò che non vedi nella foto.

  2. Fai la descrizione fisica della signorina.

  3. Dove sarà? Chi sta guardando?

  4. Quali sono gli elementi specificamente maschili e femminili di quest'immagine? Guarda bene i colori, le forme, e gli oggetti.

Atmosfera Capsula Viola n.14

VIOLA IL GUSTO.

5. L'affermazione «Sì» è la risposta alla semplice domanda «Campari soda?» Ma potrebbe rispondere anche a quali altre domande che suggerisce la foto?

F. La coppia Martini

1. Dove si trovano queste persone?

2. Che cosa fanno? Come si vestono?

3. Come si conoscono?

4. Quale impressione del rapporto «lui e lei» ti suggerisce questa scena?

5. A quale classe sociale appartengono?

6. Perché avranno scelto il Martini come aperitivo?

7. Estrapola le parole-chiave del testo scritto. Che cosa significa lo slogan «Così Martini, così rosso»?

8. Cosa sembra promettere al lettore questa pubblicità? È diverso dal suggerimento di Campari?

G. L'atmosfera Capsula Viola

    1. Secondo quest'immagine, quando e dove si ha voglia di bere Galestro?

    2. La frase in basso «viola il gusto» è una *sinestesia*, cioè l'unione di parole che si riferiscono a sensi diversi. Prova a descrivere le connotazioni evocate da un gusto «viola» riguardo al vino bianco.

    3. In questa pubblicità la presenza umana non è visibile ma viene suggerita. Perché non è necessario vedere le persone sulla barca che apprezzano il vino?

    4. A quale classe sociale apparterranno queste persone?

    5. Spiega come la scelta di colori, il mare tranquillo ed il tramonto del sole rafforzano l'attrattiva commerciale del prodotto.

Dopo aver letto

H. Approfittando di quello che hai imparato dalle strategie pubblicitarie italiane, rielabora la tua pagina di pubblicità dell'esercizio D, poi spiega i cambiamenti che hai apportato.

I. La signorina Campari incontra la coppia Martini e parlano dei loro aperitivi preferiti. Scrivi il loro dialogo in cui ognuno sostiene la propria scelta secondo i valori e le «promesse» delle due pubblicità.

J. Nell'insieme che cosa hai imparato dei gusti, degli svaghi (passatempi), dei sogni e delle fantasie degli Italiani da queste pagine di pubblicità? Se possibile, cerca altre pubblicità di bevande su riviste italiane (per esempio, l'acqua minerale, la birra, il latte, le bibite analcoliche) e fai il paragone con queste tre.

K. Trova o inventa un messaggio pubblicitario per un prodotto italiano che si vende negli Stati Uniti. Potresti cercare o inventare una pubblicità per una bevanda, per alimentari, per l'abbigliamento, per una macchina italiana, o per un prodotto di bellezza. Crea un messaggio pubblicitario per questo prodotto e poi scrivi alcuni brevi commenti critici su quello che hai fatto, spiegando come il tuo messaggio per il pubblico americano mette l'accento sulla «personalità» italiana.

Capitolo 17

Commedia: Il problema dei vecchi

Franca Rame e Dario Fo

Questi due comici-attori/drammaturghi-commediografi formano una delle coppie più abili del teatro alternativo del dopoguerra. Si conoscono nel 1950 e da allora in poi costruiscono una ricca collaborazione mettendo in scena nei teatri, nelle piazze, in televisione, alla radio, e nei film tutto il loro impegno sociale. L'atto unico che segue è una delle 20 puntate televisive di «Buonasera con Franca Rame» (2ª rete Tv, 1979), un programma pomeridiano di cui Franca Rame era interprete e Dario Fo curava testi e regia. Vi suggeriamo di osservare e studiare con attenzione lo stile particolare di questa sceneggiatura, preparata per essere rappresentata in televisione.

Prima di leggere

A. Facciamo una riflessione sulla vecchiaia, i cosiddetti «anni d'oro.» Com'è la vita per gli anziani nella tua comunità? Quale ruolo hanno nella vita familiare, sociale, e lavorativa?

B. La commedia che stai per leggere ci presenta una denuncia molto severa verso il trattamento dei vecchi nella società italiana di oggi che potrebbe valere per molte società occidentali. Secondo te, quali potrebbero essere alcuni dei problemi che i vecchi devono affrontare quotidianamente?

C. Ora, immagina i tuoi anni d'oro. Cosa vuoi fare con il tuo tempo libero? Dove vorresti vivere—in città, in campagna, con la famiglia, con gli amici oppure da solo/a?

D. Studia attentamente la foto qui sotto. Descrivi l'ambiente e il rapporto fra i giovani e gli anziani.

Il problema dei vecchi

Franca Rame

DA COPPIA APERTA, QUASI SPALANCATA

offstage-screen
wide-brimmed felt hat
policeman / door-to-door
salesman

Personaggi: Franca, Donna con la borsa della spesa, Voce fuori campo°, Giovanotto, Uomo con pacco, Uomo con lobbia°, Altro Uomo, Uomo con binocolo, Vigile Urbano°, Ambulante°, una Donna.

5   Franca sta leggendo un libro.

Voce fuori campo Ehi, Franca, siamo in trasmissione... che fai?

Franca Sto leggendo, non vedi? Aspetta che finisco 'sto racconto.

Voce fuori campo Ma non c'è tempo, sbrigati!

Franca Eh no che non mi sbrigo, ma possibile che appena una scopre qualcosa
10   di interessante, subito: «Fai questo, muoviti, scattare! Tutti che mi
        comandano...» Ma è vita questa?

a mystery novel (deriva
dal colore della collana di
libri pubblicati dalla casa
editrice Mondadori)

Voce fuori campo E che sarà mai di tanto interessante. Cos'è un giallo°?

Franca Macché giallo. È uno sceneggiato di un certo Anton Germano Rossi.

Voce Ah, il famoso scrittore umorista, maestro del surrealismo satirico.

15 **Franca** Ah, lo conosci? Senti, non si potrebbe recitarlo qui in televisione 'sto
        pezzo?

Voce fuori campo Che pezzo è?

Franca È quello che racconta dei vecchi buttati dalla finestra.

Voce fuori campo I vecchi buttati dalla finestra? Ah sì. È una denuncia terribile
20   del disinteresse di tutti noialtri per il problema degli anziani.

Franca Ecco, sì. Allora lo facciamo?

Voce fuori campo Qui in televisione?

Franca Sì, ci sono solo cinque o sei personaggi, cosa ci vuole?

senza pietà / to
misunderstand
the same old story

Voce fuori campo No, no. È un pezzo troppo brutale; la gente non è abituata a
25   un grottesco così spietato°, potrebbe equivocare°.

Franca Eccolo lì, sempre la stessa solfa°°, la gente non capisce, non è preparata.
        Il solito disprezzo. Voi dirigenti responsabili, pensate di essere i soli a poter

stupidaggini (romano)

        capire? Il pubblico è tardo, infantile e deficiente. Capisce solo le fregnacce°
        dove c'è l'eroe buono e bello, forte e invincibile, non importa se è un cavallo o

cane pastore

30   un can pastore° e dall'altra parte i cattivi: brutti, orrendi, stupidi che alla fine
        perdono e vengono fatti a pezzi. Dite: «Non bisogna violentare il pubblico»,
        specie quando mangia, e poi gli scaricate addosso centinaia di telefilm con
        cinque morti al minuto, buchi nella pancia, rivoli° di sangue dalla bocca,

rivulets

        torce umane. Ma delle violenze vere, quelle quotidiane, che si subiscono in

like hell you want to talk   35 continuazione col cavolo che gliene volete parlare°!
to them about that

Voce fuori campo Ma che ti succede Franca? Adesso ti metti a fare la suffragetta moralista?

tease, make fun of

Franca Non stare a sfottere°: burocratico, ipocrita, blablabla. Allora lo facciamo o no 'sto pezzo sui vecchi?

40 **Voce fuori campo** No, non si può fare... Bisognerebbe andare alla commissione di controllo°...

internal censor

Franca Allora io non faccio la trasmissione.

Voce fuori campo D'accordo. Ma t'avverto, io son convinto che gran parte degli spettatori non riuscirà a capire il grottesco che ci sta sotto. Avanti fai pure 45 l'annuncio.

Franca Cari amici e amiche, quasi cinquant'anni fa, Anton Germano Rossi scrisse questo atto unico, molto breve, sul problema dei vecchi. I vecchi, che la nostra civile società tende sempre più ad emarginare, allontanare, nascondere, ghettizzare; in poche parole, se non fosse perché proprio non sta

bump off 50 tanto bene, questa società, i vecchi li farebbe fuori° tutti. Tutti, fin da bambini! I vecchi sono bocche inutili... inutili al profitto, allo stato, allo sport, al rinnovamento della moda.

to stage, put on Vi proponiamo questo atto unico che ci siamo permessi di allestire° in un libero adattamento. Via... e mi raccomando, cercate di capire bene 55 l'allegoria!... e pensiamoci sopra... via!

Scena: fondo prospettico di una grande strada cittadina. Un gruppo di persone sta guardando per aria verso i piani superiori della casa di fronte. S'avvicina un giovanotto in bicicletta, si ferma.

Giovanotto Che sta succedendo?

60 **Donna con la borsa della spesa** Non vede? Buttano giù un vecchio.

Giovanotto Un vecchio?! Da dove?

Donna Da lassù, guardi bene: due, tre, quattro, dal quinto piano. Eccolo! Vede, lo spingono!

Giovanotto Ma perché lo vogliono buttare di sotto? Che ha fatto?

65 **Uomo con un pacco sotto il braccio** Niente, ha fatto! Che discorsi. Stai a vedere che adesso, per buttare giù un vecchio, bisogna aspettare che abbia fatto

to be in a mess, be in for it qualcosa di illegale. Staremmo freschi°!

Donna con la borsa della spesa Sì, d'accordo. Ma devo dire che non è certo uno

disgrace, shame spettacolo edificante! Ormai sta diventando uno sconcio°! Con tutti questi 70 vecchi buttati giù sulla strada... almeno avvertissero quelli che passano sotto!

Giovanotto Ma dico, lo stanno buttando giù davvero quello?! Ma è ignobile!

a possessed person Incivile! Ma chi sono quegli energumeni° che lo spingono?

tenants **Uomo con un cappello a lobbia in testa** Chi lo sa? Forse inquilini° del palazzo o gente del quartiere. Certo, ha ragione lei, è incivile. Dovrebbero pensarci l'amministrazione, mica costringere i cittadini a fare da sé. Ma quelli del comune se ne fregano°, figurati!... Buoni solo a farci pagare le tasse!

to not give a damn

Giovanotto Ma la polizia che fa? Non interviene?

Donna Sì, ce n'è uno... un agente, là sotto, sul marciapiede, che tiene lontano i curiosi e i passanti, perché non gli caschi in testa il vecchio.

Uomo col pacchetto Non ce la fanno. Guardate come s'è aggrappato alla balaustra°, quel vecchietto. Accidenti°, com'è arzillo°!

railing / Dam! Good Lord! / vigorous

Altro uomo È incredibile come sono attaccati alla vita!

Uomo con lobbia È naturale. Più sono anziani-decrepiti e più desiderano stare al mondo, amano la vita, hanno il doppio istinto di conservazione!

Passa un venditore ambulante.

Telescope

Ambulante Cannocchiali°, binocoli anche tridimensionali, a colori. Godetevi più da vicino la caduta del vecchio. Approfittate, li diamo anche in affitto. Sconti speciali, ricchi premi.

Altro uomo Ne dia uno a me, prego. Quant'è?

obstinate / to let go, give in

Donna Ma guarda come è caparbio°, quel vecchietto! Non molla° proprio.

Giovanotto Ma scusate, davvero non capisco! È un delitto, un fatto criminale e voi state tutti qui a guardare, non fate niente?

Uomo con lobbia E che dovremmo fare se sono d'accordo i suoi?

Giovanotto I suoi chi?

since, given that

Uomo con lobbia I suoi parenti, dal momento che° hanno firmato la carta di delibera.

Giovanotto Delibera a che?

Donna Come a che? Ma dove vive giovanotto? La delibera per il vecchio da buttare. Lei non è di queste parti, vero?

Uomo col pacchetto Ma che fa quella donna?

Altro uomo Quale?

to grab

Uomo col pacchetto Ma come ci ha il binocolo e non la vede? Là, guardi bene. S'è affacciata una donna dalla finestra accanto, ha afferrato° il vecchio per le braccia, lo vuole tirare su!

Donna Sarà qualche parente stretto, succede... all'ultimo momento si sarà lasciata prendere dalla pietà.

Uomo con lobbia Ma che pietà, questa è incoscienza!

to cling to

Donna Eh, forse lei non può capire, anch'io quando mi hanno buttato di sotto il mio vecchio ho avuto un momento, come dire... insomma, è sempre uno del tuo sangue, dopotutto! Poi ho ragionato. Ecco! L'hanno portata via, finalmente, povera donna! Guardate il vecchio, s'è aggrappato° al cornicione... non ce la fa più!

Uomo con il pacchetto Io scommetto che invece quello ce la fa ancora, quello si salva!

115 **Uomo con la lobbia** Scommette? Quanto scommette?

Uomo con il pacchetto Cinquemila.

Uomo con la lobbia D'accordo. Ci sto! Ci metto cinquemila che fra due minuti è di sotto.

Uomo con il pacchetto Scommessa andata.

120 **Donna** Ma non vi vergognate, voi due? Scommettere su certe tragedie?

Altro uomo Però, almeno dovrebbero evitare che i ragazzini se ne stiano ad assistere a certi spettacoli, andiamo! Date un'occhiata laggiù, ce ne saranno una decina e anche piccoli.

what kind of parents do they have?

Donna Ma che razza di genitori hanno°? Ma come fanno a non capire che certi
125 fatti, ai minori poi, lasciano uno shock magari per tutta la vita!

rain gutter

Giovanotto (*grida verso l'alto*) Bravo, bravo nonno! Guardate ce l'ha fatta! È riuscito a scivolare lungo la grondaia° e s'è calato sul terrazzo di sotto... Forza nonno!

fan, supporter

Donna Ah, bravo, e ci fai il tifo° pure! Che razza di incosciente!

130 **Giovanotto** Perché scusi?

Uomo con la lobbia Ma per favore, se ne vada di qui!

Altro uomo Ma che crede, di essere allo stadio!? Crede che noi si sia qui a divertirsi? Si soffre più di lei, sa?

Giovanotto Soffrite? Non direi, state qui a guardare e basta!

135 **Donna** Noi non guardiamo, assistiamo, che è ben altra cosa!

Giovanotto Sì, ma insomma lasciate fare!

Donna Invece lei applaude, da incosciente, lo incita! Ma non capisce che se i vecchi cominciano a ribellarsi, rifiutano di farsi buttare dalla finestra, è la fine, il disordine, l'anarchia!

140 **Uomo con la lobbia** (*al giovanotto*) Sbaglio o lei è uno di quei fanatici del comitato antinucleare per la difesa della natura e per la difesa dei vecchi da defenestrare?

Giovanotto Io non sono di nessun comitato. Io dico che è indegno, i vecchi sono esseri umani!

defender   145 **Donna** Ecco! Ecco che si è scoperto, il solito sbandieratore° patetico dei diritti umani, di quelli che vogliono distribuire l'eroina gratis ai giovani e nello
rest homes stesso tempo vorrebbero veder ripristinati quegli ignobili ricoveri° per vecchi,
croak (slang), die dove si sbattono a crepare° di malinconia i nostri poveri anziani ridotti a larve, mangiati dalla solitudine!, e qualche volta anche dalle formiche...

150 **Uomo con il pacchetto** Sa cos'è lei, caro giovanotto? Lei, in verità, è un conservatore ipocrita, un reazionario!

Altro uomo Stai a vedere che dopo tutte le battaglie disperate che abbiamo portato avanti, per anni e anni, per arrivare a chiuderle, quelle galere infami, adesso dovremmo sopportare ancora certi discorsi ipocriti-populisti!?

155 **Giovanotto** Ipocriti-populisti? Ma che discorsi, e su che cosa?

Donna Sui vecchi, caro giovanotto. Sui nostri vecchi! Bisogna avere coraggio delle proprie scelte, non fare i demagogici. Abbiamo deciso che i nostri anziani ci sono di peso°? Che non possiamo più né curarli né aiutarli? Se non sono generali con le pensioni non sopravvivono. Che non ci resta più tempo 160 per occuparci di loro? E allora, invece di disfarcene da veri criminali, abbandonandoli in quelle puzzolenti galere, che sono gli ospizi°, è meglio, molto più onesto e civile, prenderci la responsabilità di buttarli!

to weigh on us

ricoveri

Uomo col binocolo Attenti. Ecco, l'hanno riacciuffato°. Lo buttano!

to seize again (literally, by the hair)

Coro L'hanno buttato!

165 **Donna** Povero vecchio ha finito di penare.

to clear out, move on

Vigile Avanti, circolare. Su andate a casa, sgomberare°!

Uomo con la lobbia Scusi signore, le mie cinquemila! Ho vinto la scommessa!

Uomo con il pacchetto Ma mi faccia il piacere, lei non ha vinto un bel niente! È andata pari e patta°!

to be a draw, a tie

170 **Uomo col binocolo** Attenzione! Ne stanno buttando un altro.

Donna Dove?

Uomo col binocolo Là, da quella parte, quarto piano! La seconda finestra.

Vigile Eh no, adesso esagerano, mica posso continuare a tenere bloccato il traffico per ore e ore!

175 **Donna** Certo, dovrebbero mettere degli orari, alla mattina presto e al massimo per due o tre giorni fissi alla settimana... se no, è il caos! Ma scusi signor vigile, non c'era quella proposta dell'Assessore alla viabilità° di radunare° tutti i vecchi da buttare, e portarli allo stadio la domenica, e fare una cosa di massa prima della partita°?

traffic commissioner / to assemble, gather together

game

lottery based on soccer scores

180 **Vigile** Sì, ma quelli del totocalcio° si sono opposti! Volevano gestirlo in proprio!

Domande sulla lettura

E. Rame e Fo adoperano la tecnica dello «spettacolo nello spettacolo» per introdurre l'argomento della commedia.

  1. Dividi la commedia in scene e descrivi quello che succede in ciascuna di esse. Qual è il tema/Quali sono i temi di ogni parte? Qual è il rapporto fra loro?

2. Quali sono gli aspetti di «spettacolarizzazione» che Franca Rame rappresenta, per esempio, lo sport, il commercio, il teatro?

F. L'autore dello sceneggiato che viene liberamente interpretato da Franca Rame è descritto come un «maestro del surrealismo satirico.» Cerchiamo di capire questa definizione.

1. Il surrealismo—un movimento letterario dei primi del '900 che nasce in Francia e poi si espande in molte altre letterature—cerca di esprimere le attività mentali dell'inconscio attraverso immagini fantastiche o incongrue oppure combinazioni anomale. Secondo te, quali sono gli aspetti surreali della commedia?

2. La satira è una forma letteraria che denuncia certi atteggiamenti da «riformare.» Inoltre, viene intesa come uno spirito oppure un tono provocatorio che si potrebbe trovare in molte forme letterarie. Ora, cerca di elencare le espressioni, i gesti dei personaggi, gli aspetti della commedia che ci fanno capire che ci troviamo di fronte ad una satira.

G. Quali aspetti morali del comportamento umano—le voci della società—vengono presentati attraverso i personaggi? Descrivi ognuno di questi con un aggettivo, una metafora, un altro personaggio letterario che conosci, una personalità nota, o un comportamento umano:

Donna con la borsa della spesa

Giovanotto

Uomo con pacco

Uomo con lobbia

Altro uomo

Uomo con binocolo

Vigile urbano

Ambulante

Una donna

H. Qual è «il problema dei vecchi» e come si risolve nella commedia?

 **Dopo aver letto**

I. Sei il giovanotto. Come reagisci alla scena alla quale hai appena assistito? Scrivi la tua reazione in forma di una lettera ad un giornale oppure di un intervento ad un talk show televisivo o alla radio.

J. Insieme con i tuoi compagni di classe, riambientate la commedia nella vostra comunità. Allestite la vostra versione dello spettacolo come rappresentazione televisiva (potete usare una videocamera) o teatrale. Considerate le esigenze della televisione indicate da Fo, che richiedevano «una ripresa veloce ad inquadrature strette [*tight frames*], col volto degli attori quasi sempre in primo piano [*closeup*], in base ad un montaggio rapido e nervoso» (premessa a *Coppia aperta, quasi spalancata*).

K. Scrivi una satira (scegli tu la forma letteraria) su un problema sociale che ti colpisce in modo particolare.

Capitolo 18

Qualcosa era successo

Dino Buzzati

(Belluno 1906–Milano 1972) Scrittore, giornalista, disegnatore, grande viaggiatore, e alpinista, Buzzati si colloca con i suoi scritti letterari nella tradizione del fantastico, gotico, e allegorico di Edgar Allen Poe, Franz Kafka, e Roald Dahl. Ma il fantastico è sempre condizionato dall'occhio del giornalista che scopre nella vita quotidiana la tensione fra la banalità da una parte e l'inspiegabile e l'irrazionale dall'altra. Fra i suoi testi più noti, ci sono *Il deserto dei Tartari* (1940), *I sette messaggeri* (1942), *Il crollo della Baliverna* (1954), e *Le notti difficili* (1971).

Prima di leggere

A. Sei in treno viaggiando per la campagna e per le città vicino a casa tua. Che cosa vedi dai finestrini? Descrivi quello che vedi.

Vocabolario utile

paese • villaggio • campo • prati • contadini • fattorie • fabbriche • mercato • muro • cortile • caseggiato • passaggio a livello • stazione • camion • macchina

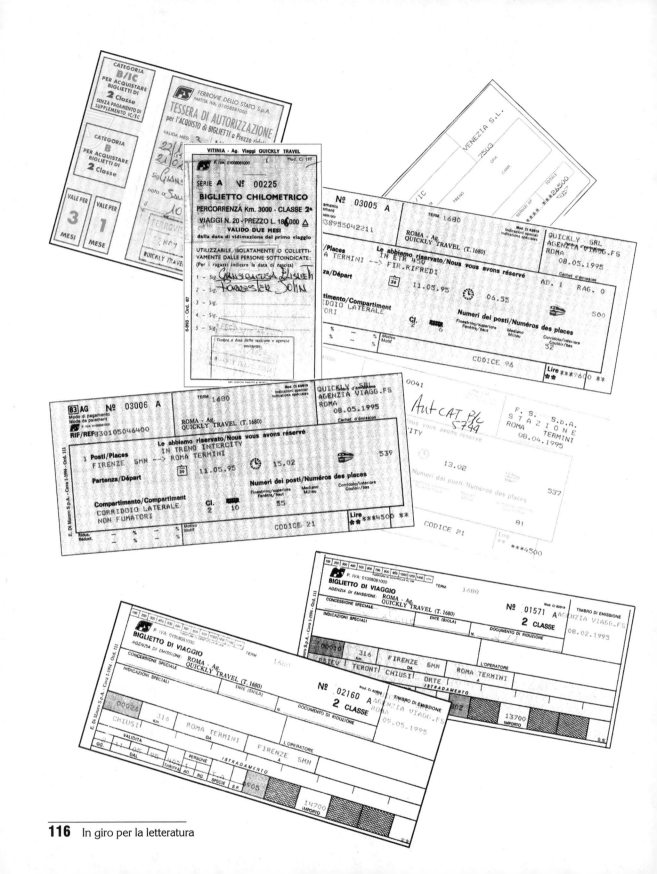

B. Ti capita mai di immaginare la vita, il carattere, le abitudini di sconosciuti? Torna con la memoria all'ultimo viaggio che hai fatto sui mezzi pubblici. Descrivi l'apparenza ed il carattere immaginario di uno dei tuoi compagni di viaggio.

Vocabolario utile

sbirciare • fissare • alzarsi • sedersi • chiacchierare • stare zitto • tranquillo • calmo •

inquieto • sonnolento • sveglio • elegante • trascurato • disordinato

La Lettura

Qualcosa era successo
Dino Buzzati

to cover (distance)

in a row
glance
shape

barrier
uncultured / billions (di lire) / leather luggage / stars

turned
in a hurry / bottom
hastily, hurriedly

anguish / by means of
rocking
railway car
by sheer coincidence
using his hands as a megaphone / to continue on

Il treno aveva percorso° solo pochi chilometri (e la strada era lunga, ci saremmo fermati soltanto alla lontanissima stazione d'arrivo, così correndo per dieci ore filate° quando a un passaggio a livello vidi dal finestrino una giovane donna. Fu un caso, potevo guardare tante altre cose invece lo sguardo° cadde su di lei che non era bella né di sagoma° piacente, non aveva proprio niente di straordinario, chissà perché mi capitava di guardarla. Si era evidentemente appoggiata alla sbarra° per godersi la vista del nostro treno, superdirettissimo, espresso del nord, simbolo, per quelle popolazioni incolte°, di miliardi°, vita facile, avventurieri, splendide valige di cuoio°, celebrità, dive° cinematografiche, una volta al giorno questo meraviglioso spettacolo, e assolutamente gratuito per giunta.

Ma come il treno le passò davanti lei non guardò dalla nostra parte (eppure era là ad aspettare forse da un'ora) bensì teneva la testa voltata° indietro badando a un uomo che arrivava di corsa° dal fondo° della via e urlava qualcosa che noi naturalmente non potemmo udire: come se accorresse a precipizio° per avvertire la donna di un pericolo. Ma fu un attimo: la scena volò via, ed ecco io mi chiedevo quale affanno° potesse essere giunto, per mezzo di° quell'uomo, alla ragazza venuta a contemplarci. E stavo per addormentarmi al ritmico dondolio° della vettura° quando per caso — certamente si trattava di una pura e semplice combinazione° — notai un contadino in piedi su un muretto che chiamava chiamava verso la campagna facendosi delle mani portavoce°. Fu anche questa volta un attimo perché il direttissimo filava° eppure feci in tempo a vedere sei

alfalfa	
to trample	
hedge	25
a row of vines / muretto	
good lord, how they ran / frightened / sudden warning / flash	
	30
sudden / hypnotized	
to scrutinize / foreboding	
worry, anxiety	
	35
coachmen	
unusual / coming and going / anguished	
to swear	
to celebrate festivals	40
to get ready	
coming and going	
	45
accorgersi	
addormentarsi	
to dare	
to eye with fear or suspicion / eyelids	50
to unmask	
to slip by, nearly touching	
bent over / bundles	
to fool oneself	55
happy, lucky	
ruin / problem, mess	
	60
to stretch oneself	
wagons	
to draw, pull	
sanctuaries / patron saint /	65
thick / as the train gradually	

sette persone che accorrevano attraverso i prati, le coltivazioni, l'erba medica°, non importa se la calpestavano°, doveva essere una cosa assai importante. Venivano da diverse direzioni: chi da una casa, chi dal buco di una siepe°, chi da un filare di viti° o che so io, diretti tutti al muricciolo° con sopra il giovane chiamante. Correvano, accidenti se correvano°, si sarebbero detti spaventati° da qualche avvertimento repentino° che li incuriosiva terribilmente, togliendo loro la pace della vita. Ma fu un attimo, ripeto, un baleno°, non ci fu tempo per altre osservazioni.

Che strano, pensai, in pochi chilometri già due casi di gente che riceve una improvvisa° notizia, così almeno presumevo. Ora, vagamente suggestionato°, scrutavo° la campagna, le strade, i paeselli, le fattorie, con presentimenti° ed inquietudini°.

Forse dipendeva da questo speciale stato d'animo, ma più osservavo la gente, contadini, carradori°, eccetera, più mi sembrava che ci fosse dappertutto una inconsueta° animazione. Ma sì, perché quell'andirivieni° nei cortili, quelle donne affannate°, quei carri, quel bestiame? Dovunque era lo stesso. A motivo della velocità era impossibile distinguere bene eppure avrei giurato° che fosse la medesima causa dovunque. Forse che nella zona si celebravan sagre°? Che gli uomini si disponessero° a raggiungere il mercato? Ma il treno andava e le campagne erano tutte in fermento, a giudicare dalla confusione. E allora misi in rapporto la donna del passaggio a livello, il giovane sul muretto, il viavai° dei contadini: qualche cosa era successo e noi sul treno non ne sapevamo niente.

Guardai i compagni di viaggio, quelli nello scompartimento, quelli in piedi nel corridoio. Essi non si erano accorti°. Sembravano tranquilli e una signora di fronte a me sui sessant'anni stava per prender sonno°. O invece sospettavano? Sì, sì, anche loro erano inquieti, uno per uno, e non osavano° parlare. Più di una volta li sorpresi, volgendo gli occhi repentini, guatare° fuori. Specialmente la signora sonnolenta, proprio lei, sbirciava tra le palpebre° e poi subito mi controllava se mai l'avessi smascherata°. Ma di che avevano paura?

Napoli. Qui di solito il treno si ferma. Non oggi il direttissimo. Sfilarono rasente° a noi le vecchie case e nei cortili oscuri vedemmo finestre illuminate e in quelle stanze — fu un attimo — uomini e donne chini° a fare involti° e chiudere valige, così pareva. Oppure mi ingannavo° ed erano tutte fantasie?

Si preparavano a partire. Per dove? Non una notizia fausta° dunque elettrizzava città e campagne. Una minaccia, un pericolo, un avvertimento di malora°. Poi mi dicevo: ma se ci fosse un grosso guaio°, avrebbero pure fatto fermare il treno; e il treno invece trovava tutto in ordine, sempre segnali di via libera, scambi perfetti, come per un viaggio inaugurale.

Un giovane al mio fianco, con l'aria di sgranchirsi°, si era alzato in piedi. In realtà voleva vedere meglio e si curvava sopra di me per essere più vicino al vetro. Fuori, le campagne, il sole, le strade bianche e sulle strade carriaggi°, camion, gruppi di gente a piedi, lunghe carovane come quelle che traggono° ai santuari° nel giorno del patrono°. Ma erano tanti, sempre più folti° man mano che il treno° si avvicinava al nord. E tutti avevano la stessa direzione, scendevano verso mezzogiorno, fuggivano il pericolo mentre noi gli si andava

to rush

direttamente incontro, a velocità pazza ci precipitavamo° verso la guerra, la
rivoluzione, la pestilenza, il fuoco, che cosa poteva esserci mai? Non lo avremmo
70 saputo che fra cinque ore, al momento dell'arrivo, e forse sarebbe stato troppo
tardi.

to give in
to doubt oneself
absurd

Nessuno diceva niente. Nessuno voleva essere il primo a cedere°. Ciascuno
forse dubitava di sé°, come facevo io, nell'incertezza se tutto quell'allarme fosse
reale o semplicemente un'idea pazza, allucinazione, uno di quei pensieri assurdi°
75 che infatti nascono in treno quando si è un poco stanchi. La signora di fronte

trarre (p. remoto) / to
pretend / pupils

trasse° un sospiro, simulando° di essersi svegliata, e come chi uscendo dal sonno
leva gli sguardi meccanicamente, così lei alzò le pupille° fissandole, quasi per
caso, alla maniglia del segnale d'allarme. E anche noi tutti guardammo

device

l'ordigno°, con l'identico pensiero. Ma nessuno parlò o ebbe l'audacia di rompere
80 il silenzio o semplicemente osò chiedere agli altri se avessero notato, fuori,
qualche cosa di allarmante.

to swarm
surprise
to the north
chock-full
to perceive; sentire

Ora le strade formicolavano° di veicoli e gente, tutti in cammino verso il
sud. Rigurgitanti i treni che ci venivano incontro. Pieni di stupore° gli sguardi di
coloro che da terra ci vedevano passare, volando con tanta fretta al settentrione°.
85 E zeppe° le stazioni. Qualcuno ci faceva cenno, altri ci urlavano delle frasi di cui
si percepivano° soltanto le vocali come echi di montagna.

to fiddle with / handker-
chief / to implore / to
relieve

La signora di fronte prese a fissarmi. Con le mani piene di gioielli
cincischiava° nervosamente un fazzoletto° e intanto i suoi sguardi supplica-
vano°: parlassi, finalmente, li sollevassi° da quel silenzio, pronunciassi la do-
90 manda che tutti si aspettavano come una grazia e nessuno per primo osava fare.

to slow down
train engineer
loud / platforms
to crowd / to long for / train
piles / to run after us
to wave
sporgersi (p. remoto)
to grasp
shred / to tremble / in the
act of unfolding it

Ecco un'altra città. Come il treno, entrando nella stazione, rallentò° un
poco, due tre si alzarono non resistendo alla speranza che il macchinista°
fermasse. Invece si passò, fragoroso° turbine, lungo le banchine° dove una
folla inquieta si accalcava° anelando° a un convoglio° che partisse, tra caotici
95 mucchi° di bagagli. Un ragazzino tentò di rincorrerci° con un pacco di giornali e
ne sventolava° uno che aveva un grande titolo nero in prima pagina. Allora con
un gesto repentino, la signora di fronte a me si sporse° in fuori, riuscì ad
abbrancare° il foglio ma il vento della corsa glielo strappò via. Tra le dita restò un
brandello°. Mi accorsi che le sue mani tremavano° nell'atto di spiegarlo°. Era un
100 pezzetto triangolare. Si leggeva la testata e del gran titolo solo quattro lettere.
IONE, si leggeva. Nient'altro. Sul verso, indifferenti notizie di cronaca.

we pretended not to notice
restraint

Senza parole, la signora alzò un poco il frammento affinché tutti lo
potessero vedere. Ma tutti avevano già guardato. E si finse di non farci caso°.
105 Crescendo la paura, più forte in ciascuno si faceva quel ritegno°. Verso una cosa
che finisce in IONE noi correvamo come pazzi, e doveva essere spaventosa se,

flight, escape

alla notizia, popolazioni intere si erano date a immediata fuga°. Un fatto nuovo e
potentissimo aveva rotto la vita del Paese, uomini e donne pensavano solo a
salvarsi, abbandonando case, lavoro, affari, tutto, ma il nostro treno, no, il

cursed
returns to the battlefield
through the ranks of a
retreating army / to
bivouac

maledetto° treno marciava con la regolarità di un orologio, al modo del soldato
110 onesto che risale le turbe dell'esercito in disfatta° per raggiungere la sua trincea
dove il nemico già sta bivaccando.° E per decenza, per un rispetto umano

miserabile, nessuno di noi aveva il coraggio di reagire. Oh i treni come assomigliano alla vita.

destiny 115
longed-for
aura, halo
to complain loudly, to
screech / roofs / signs

120

Mancavano due ore. Tra due ore, all'arrivo, avremmo saputo la comune sorte°. Due ore, un'ora e mezzo, un'ora, già scendeva il buio. Vedemmo di lontano i lumi della sospirata° nostra città e il loro immobile splendore riverberante un giallo alone° in cielo ci ridiede un fiato di coraggio. La locomotiva emise un fischio, le ruote strepitarono° sul labirinto degli scambi. La stazione, la curva nera delle tettoie°, le lampade, i cartelli°, tutto era a posto come al solito.

parere (p. remoto) / to
discern / in shadow / 125
railroad worker / little
cap / to be partly covered

shudder, shiver
glass vaults

Ma, orrore!, il direttissimo ancora andava e vidi che la stazione era deserta, vuote e nude le banchine, non una figura umana per quanto si cercasse. Il treno si fermava finalmente. Corremmo giù per i marciapiedi, verso l'uscita, alla caccia di qualche nostro simile. Mi parve° di intravedere°, nell'angolo a destra in fondo, un po' in penombra°, un ferroviere° col suo berrettuccio° che si eclissava° da una porta, come terrorizzato. Che cosa era successo? In città non avremmo più trovato un'anima? Finché la voce di una donna, altissima e violenta come uno sparo, ci diede un brivido°. «Aiuto! Aiuto!» urlava e il grido si ripercosse sotto le vitree volte° con la vacua sonorità dei luoghi per sempre abbandonati.

◎ Domande sulla lettura

C. Dino Buzzati è molto apprezzato come narratore per la sua fantasia inquietante, cioè la sua capacità di creare suspense e inquietudine nel lettore, spesso con la suggestione. Proviamo a capire come fa a creare l'atmosfera sconvolgente nel racconto che abbiamo appena letto.

1. Chi parla nel racconto? Qual è il primo cenno di qualcosa di inquietante nella trama?

2. Come si intensifica questo senso di inquietudine? Fai degli esempi di vocaboli, di frasi, oppure di punteggiatura che indicano un'intensificazione della tensione.

3. Come reagiscono gli altri personaggi del racconto al misterioso avvenimento?

4. Ad un certo punto c'è un crescendo notevole della tensione. Quando? C'è uno scioglimento (*easing*) della tensione? Fai degli esempi dal testo per sostenere il tuo punto di vista.

5. Era successo qualcosa di negativo oppure di positivo? Come lo sappiamo?

Dopo aver letto

D. Che cosa era successo? Che cosa suggerisce Buzzati come «il qualcosa»?

E. Come abbiamo scoperto, la forza di questo racconto risiede nella suggestione. Scrivi il racconto di un episodio inquietante che hai vissuto o che ti è stato raccontato.

F. Il nostro narratore scende dal treno e si precipita in città. Descrivi la scena che si trova davanti.

Capitolo 19

L'opera lirica: «Madamina, il catalogo è questo...»

DA *DON GIOVANNI*

Lorenzo da Ponte

Lorenzo da Ponte (Emanuele Conegliano), poeta e librettista, nacque a Ceneda vicino a Venezia nel 1749. Divenne professore di retorica all'università di Treviso finché non si trasferì a Vienna dove si stabilì come poeta alla corte dell'Imperatore Giuseppe II. Qui scrisse i libretti di tre opere liriche di Mozart, *Le nozze di Figaro* (1786), *Don Giovanni* (1787), e *Così fan tutte* (1790). Nel 1805 si trasferì a New York dove, dopo un periodo come venditore di liquori e tabacco, divenne professore di letteratura italiana al Columbia College (ora Columbia University). Fu anche fondatore della Italian Opera House di New York. Morì nel 1838. È l'autore di un'autobiografia divertente in chiave casanovesca.

Prima di leggere

A. Conosci qualcuno che ha un «piccolo libro nero,» cioè un libriccino pieno di indirizzi e numeri di telefono di persone con cui ha o vorrebbe avere una relazione amorosa? Presenta il contenuto di questo libriccino (vero o immaginario) in forma di un catalogo che fornisce i dati seguenti:

Nome _____

Nazionalità _____

Età _____

Colore di capelli _____

Professione _____

Una qualità attraente _____

B. Secondo te, che cos'è un «don Giovanni» o un «don Juan»? Descrivi il suo comportamento e il suo aspetto.

C. Inventa la più grande esagerazione che tu possa immaginare, in qualsiasi contesto. Per esempio, quanto può mangiare un grande goloso, delle spese favolose (tipo «Lifestyles of the Rich and Famous»), un lunghissimo viaggio in giro al mondo, l'esagerazione più grande della tua infanzia, le capacità di una persona di straordinaria forza fisica, ecc. Secondo te, di solito su quali cose esagerano le persone?

La Lettura _____ ## Madamina, il catalogo è questo...
Lorenzo da Ponte e W. A. Mozart

DON GIOVANNI

Via, cara Donna Elvira, calmate questa collera — sentite — lasciatemi parlar.

DONNA ELVIRA

false declarations / to seduce

una città della Spagna

prey to / così tanto

Cosa puoi dire, dopo azion sì nera? In casa mia entri furtivamente, a forza d'arte, di giuramenti e di lusinghe° arrivi a sedurre° il cor mio; m'innamori, o crudele, mi dichiari tua sposa, e poi, mancando della terra e del cielo al santo dritto, con enorme delitto dopo tre dì da Burgos° t'allontani, m'abbandoni, mi fuggi, e mi lasci in preda al° rimorso ed al pianto, per pena forse che t'amai cotanto°!

LEPORELLO

10   Pare un libro stampato!

DON GIOVANNI

Oh, in quanto a questo, ebbi le mie ragioni. È vero?

LEPORELLO

È vero, e che ragioni forti!

15   ELVIRA

E quali sono se non la tua perfidia, la leggerezza tua? Ma il giusto cielo volle ch'io ti trovassi, per far le sue, le mie vendette.

DON GIOVANNI

She's leading me into dangerous territory!

Eh via, siate più ragionevole! (Mi pone a cimento costei°!) Se non credete al
20   labbro mio, credete a questo galantuomo.

LEPORELLO

Salvo il vero.

DON GIOVANNI

Via, dille un poco.

25 LEPORELLO

E cosa devo dirle?

DON GIOVANNI

Sì, sì, dille pur tutto.

DONNA ELVIRA

30 Ebben, fa presto.

LEPORELLO

in this world, things are such that
Madama — veramente — in questo mondo, conciossia cosa quando fosse che°
il quadro non è tondo...

DONNA ELVIRA

35 Stelle! L'iniquo fuggi! Misera me! Dove? In qual parte?

LEPORELLO

Eh, lasciate che vada. Egli non merta che di lui ci pensiate.

DONNA ELVIRA

scoundrel, villain
Il scellerato° m'ingannò, mi tradì...

40 LEPORELLO

Eh, consolatevi! non siete voi, non foste, e non sarete nè la prima, nè l'ultima.
Guardate questo non picciol libro: è tutto pieno di nomi di sue belle; ogni villa,
ogni borgo, ogni paese, è testimon di sue donnesche imprese.

Nº 4

45 Madamina, Il catalogo è questo
Delle belle, che amò il padron mio;
Un catalogo egli è che ho fatt'io;
Osservate, leggete con me.
In Italia seicento e quaranta;
Germany
50 In Allemagna° duecento trentuna;
Cento in Francia; in Turchia novantuna;
Ma, in Ispagna son già mille e tre.
V'han fra queste contadine.
Cameriere, cittadine;
55 V'han contesse, baronesse,
Marchesine, principesse,
E v'han donne d'ogni grado,
D'ogni forma, d'ogni età.
experience
Nella bionda egli ha l'usanza°
60 Di lodar la gentilezza,

Nella bruna la costanza,
Nella bianca la dolcezza.
Vuol d'inverno la grassotta,
Vuol d'estate la magrotta;
65 È la grande maestosa,
La piccina è ognor vezzosa°.
Delle vecchie fa conquista
Pel piacer di porle in lista;
Sua passion predominante
70 È la giovin principiante.
Non si picca°, se sia ricca.
Se sia brutta, se sia bella;
Purchè porti la gonnella.
Voi sapete quel che fa.
        (*Parte*).

pretty, charming — La piccina è ognor vezzosa°

to be offended — Non si picca°

Domande sulla lettura

D. Il brano selezionato apre con la furia di Donna Elvira verso Don Giovanni.

  1. Che cosa impariamo del rapporto tra Donna Elvira e Don Giovanni? Perché Donna Elvira è così arrabbiata? Quali sono le ragioni di Don Giovanni? A chi dai ragione?

  2. Che cosa vuole insinuare Leporello quando dice che il racconto di Donna Elvira «pare un libro stampato»?

  3. Come risposta alla rabbia di Donna Elvira, Don Giovanni dice a Leporello «dille pur tutto.» A quale scopo?

E. Leporello intrattiene (*to entertain*) con un catalogo molto particolare.

   1. Descrivi la forma e il contenuto di questo catalogo. Come vengono «catalogate» le conquiste di Don Giovanni?

   2. La conclusione del catalogo. Perché conquista le donne?

F. Il linguaggio della musica. Ascolta ancora la musica. Che sensazioni ti dà la musica del carattere dei personaggi coinvolti in questa scena? Come «descrive» Donna Elvira? e Leporello? e Don Giovanni?

G. Guarda bene la prima pagina del libretto e l'elenco dei personaggi.

IL

DISSOLUTO

PUNITO.

O S I A

IL D. GIOVANNI.

DRAMMA GIOCOSO

IN DUE ATTI.

DA RAPPRESENTARSI

NEL TEATRO DI PRAGA L' ANNO 1787.

IN PRAGA.

di Schœnfeld.

PERSONAGGI

D. Giovanni.	Giovane Cavaliere estremamente licenzioso
D. Anna.	Dama promessa sposa di
D. Ottavio.	
Commendatore.	
D. Elvira.	Dama di Burgos abbandonata da D. Gio.
Leporello	Serv. di D. G.
Masetto.	amante di
Zerlina.	Contadina
Coro di contadini,	
E di contadine.	
Suonatori.	

La Scena si finge in una città della Spagna.

La Poesia è dell' Ab. Da Ponte Poeta de' Teatri Imperiali di Vienna.

La musica è del Sig. Wolfgango Mozzart, Maestro di Cap. tedesco.

1. Secondo te, perché l'opera viene descritta come «dramma giocoso»?

2. Puoi indovinare la fine di Don Giovanni, «il dissoluto punito»?

Dopo aver letto

H. Lo scambio dei ruoli. Riscrivi l'aria cantata da una certa Leporella, questa volta che enumera le conquiste maschili della sua padrona Donna Giovanna. Com'è diverso il suo catalogo? Quanti tipi di uomini ci sono? Elencali secondo la loro fisionomia, la loro personalità, la loro età, la loro posizione sociale, e le loro esperienze.

I. Quando si sfoga all'inizio del brano, Donna Elvira giura, «Ma il giusto cielo volle ch'io ti trovassi, per far le sue, le mie vendette.» Secondo te, che cosa sarebbe una giusta vendetta per Donna Elvira? Inventane una.

J. Fai una ricerca sulla figura di Don Giovanni. Qual è la fonte dell'opera? Quali sono le altre versioni della storia di Don Giovanni? Quali aspetti di queste versioni formano lo stereotipo del «latin lover» mediterraneo?

Capitolo 20

Love sonnet: Vivo su questo scoglio orrido e solo...

Vittoria Colonna

[Marino (Roma) 1490–Roma 1547] Di cultura raffinata e talento precoce, Vittoria Colonna cominciò a scrivere presto. Fu fidanzata a quattro anni con Ferrante d'Avalos, Marchese di Pescara, e lo sposò a diciannove anni. In seguito alla presa in ostaggio di quest'ultimo dopo la battaglia di Ravenna nel 1512, i due intrapresero una corrispondenza in poesia e prosa che continuò per tutti i lunghi anni di prigionia. Dopo la morte del marito nel 1525, la Colonna si ritirò nell'isola di Ischia e si dedicò ad una vita di contemplazione e scrittura. I suoi versi esprimono tutto il suo dolore e amore per il marito scomparso. Fu grande amica di Michelangelo, che le dedicò alcune delle sue poesie più belle. Una raccolta delle sue rime, uscita nel 1538, fu la prima pubblicata da una poetessa in Italia.

Pisanti inc:

VITTORIA COLONNA.

A. Come ti senti quando stai lontano da qualcuno che ami? Descrivi i tuoi sentimenti ed i tuoi pensieri. Che cosa fai per sentirti meno solo/a?

B. Quando si parla oppure si scrive dell'amore, ci serviamo spesso di metafore e di similitudini per descrivere lo stato d'animo dell'innamorato/a, per esempio, «il cuore innamorato arde,» «l'amore è come un uccello che canta.» Crea dei paragoni per descrivere questo stato:

L'amore è come _____.

L'innamorato è come _____.

L'innamorata è come _____.

L'amore è _____.

La Lettura

«Vivo su questo scoglio orrido e solo...»
Vittoria Colonna

rock / fearful, grim /
grieving / uccello   1

to fly away, flee
quick / sole / *here: to*
worship (poetic)
le ali; *wings /* desiderare /
here: to spread out, unfurl
/ yet / il ([qui:] lo) / *to turn*

in / to reach, arrive at 2
dove / *to send it / to*
surpass / so greatly /
mondano (del mondo) /
delight / look, appear-
ance / quanto lei vuole /
lighted, kindled / bene;
good (sostantivo)

Vivo su questo scoglio° orrido° e solo,
quasi dolente° augel° che 'l verde ramo
e l'acqua pura abborre; e a quelli ch'amo
nel mondo ed a me stessa ancor m'involo°,
perché espedito° al sol° che adoro e colo°
vada il pensiero. E sebben quanto bramo°
l'ali° non spiega°, pur° quando io 'l° richiamo
volge° dall'altre strade a questa il volo.

E 'n° quel punto che giunge° lieto e ardente
là 've° l'invio°, sì breve gioia avanza°
qui di gran lunga° ogni mondan° diletto°.
Ma se potesse l'alta sua sembianza°
formar, quant'ella vuol°, l'accesa° mente,
parte avrei forse qui del ben° perfetto.

C. Come si immagina la poetessa in questo sonetto?

    1. Fai un elenco delle parole che elaborano quest'immagine.

    2. Di quali metafore si serve la poetessa per rinforzare la sua immagine d'innamorata sola?

D. Come reagisce alla lontananza dell'amato? Perché si isola dalla sua gente e da se stessa?

E. 1. Che cosa cerca di fare per tenersi l'amato vicino?

    2. Hanno successo questi tentativi?

    3. Qual è il risultato per la poetessa?

F. Guarda bene le parole che rimano. Quale rapporto vedi fra queste parole? Quale importanza ha la rima per la nostra comprensione del sonetto?

Dopo aver letto

G. Scrivi un tuo appello ad un amante lontano/un'amante lontana (vero/a oppure inventato/a). Scegli la forma che ti sembra adatta per la tua composizione.

H. Riscrivi la situazione del sonetto in prosa dal punto di vista di un uomo.

I. Vittoria Colonna cena una sera con Francesco Petrarca (vedi pagina 79). Descrivi la scena e il dialogo del loro incontro.

J. Cerca un altro sonetto della Colonna. Scrivi un'analisi della poesia usando come esempio le tecniche di analisi che hai appena imparato. Esponi la tua scoperta alla classe.

Capitolo 21

I costruttori di ponti

Primo Levi

(Torino 1919–Torino 1987) Chimico di professione, scrittore, partigiano, deportato e sopravvissuto ad Auschwitz, Primo Levi è conosciuto a livello internazionale per il suo impegno come comunicatore instancabile dell'orrore dei campi di concentramento. Gli scritti più famosi su quest'esperienza sono *Se questo è un uomo* (1958), *La Tregua* (1963), *Se non ora, quando?* (1982), e *I sommersi e i salvati* (1986). Ma Levi è anche riconosciuto narratore straordinario delle particolarità della natura intorno a noi nei suoi libri come *Vizio di forma* (1971), *Il sistema periodico* (1975), e *La chiave a stella* (1978). Il seguente racconto dall'apparenza fantascientifica dà uno sguardo sull'immaginario dello scrittore-scienziato.

 Prima di leggere

A. Nella letteratura occidentale la campagna come ambiente/luogo pacifico e non contaminato viene spesso contrapposta alla città come esempio della «civiltà» selvaggia e dello sviluppo incontrollato. Descrivi la tua versione della campagna ideale.

Vocabolario utile

pascolo • valle • erba • acqua • rio • sponda • albero • salice • pioppo • ontano • nocciolo • quercia • faggio • pino • sicomoro • cipresso • arbusto • ruscello • arcobaleno • cascata • sorgente • vacche • pecore • cervi • daini

B. Cerca la parola **onomatopea** (*onomatopoeia*) sul vocabolario. Puoi indovinare il significato delle seguenti parole onomatopeiche?

fruscio/frusciare   sussurro/sussurrare
gorgoglio/gorgogliare   bau bau
ticchettio/ticchettare   miau
bisbiglio/bisbigliare

Conosci altri esempi di onomatopea in italiano? Quali?

C. Immagina che una mattina ti svegli in un bosco mitico e incantato pieno di animali fantastici. Che tipo di «essere immaginario» vorresti essere e perché?

Vocabolario utile

gigante • unicorno • ippogrifo • minotauro • fenice • fata • folletto • grifone • chimera

La Lettura

I costruttori di ponti

Primo Levi

charmed, delighted / to play with, toy with / to tear him to pieces

«... Boris aveva ricordato l'antica ballata della figlia del gigante che trova un uomo nella foresta, e sorpresa e deliziata° se lo porta a casa per trastullarsi°; ma il gigante le ordina di lasciarlo andare, poiché tanto non farebbe che mandarlo in pezzi°» (ISAK DINESEN, *Sette racconti gotici*).

forced
lynxes

Danuta era contenta di essere stata fatta come i cervi e i daini. Le spiaceva un poco per l'erba, i fiori e le foglie che era costretta° a mangiare, ma era felice di poter vivere senza spegnere altre vite, come invece è sorte delle linci° e dei lupi. Aveva cura di visitare ogni giorno un luogo diverso, in modo che il verde nuovo

trees with long trunks
to hurt them

5 cancellasse presto i vuoti; nel camminare, evitava di calpestare gli arbusti di salice, di nocciolo e di ontano, e girava al largo degli alberi d'alto fusto° per non ferirli°. Anche suo padre Brokne s'era sempre condotto così; di sua madre non aveva memoria.

deep pool in the stream
shadowed / sunset
to face / clearing

Per bere, avevano un posto fisso, un tonfano profondo del torrente°,
10 adombrato° al tramonto° da un filare di vecchie querce che crescevano sulla sponda destra, mentre la sponda sinistra si affacciava° a una radura° in cui i due

potevano agevolmente° stare sdraiati, sia sulla schiena° per dormire, sia bocconi° per bere. Un tempo c'erano stati molti ceppi° che pungevano° la schiena, ma Brokne li aveva sradicati° uno per uno. Venivano in quel luogo all'abbeverata° anche gli unicorni e i minotauri, timidi come ombre, ma solo a ora tarda, quando il crepuscolo° cede alla notte. Brokne e Danuta non avevano nemici, al di fuori del tuono°, e del gelo° negli inverni rigidi.

Il pascolo preferito di Danuta era una valle verde e profonda, ricca d'erba e d'acqua; il fondo era percorso da un rio, e questo era scavalcato° da un ponte di pietre. Danuta passava lunghe ore a considerare il ponte: in tutto il loro territorio, che girava più di cento miglia°, non c'era niente di simile. Non poteva averlo scavato° l'acqua, né poteva essere caduto così dalle montagne. Qualcosa o qualcuno lo doveva avere costruito, con pazienza, ingegno, e mani più sottili° delle sue: si curvava per vederlo da vicino, e non si stancava di ammirare° la precisione con cui le pietre erano state tagliate e commesse°, a formare un arco elegante e regolare che a Danuta rammentava° l'arcobaleno.

Doveva essere molto vecchio, perché era ricoperto di licheni° gialli e neri sulle parti esposte al sole, e di muschio° spesso sulle parti in ombra. Danuta lo toccava delicatamente col dito, ma il ponte resisteva, sembrava proprio fatto di roccia. Un giorno radunò parecchi macigni° che le parevano di forma adatta, e cercò di edificare° un ponte come quello, ma che fosse della sua misura; non ci fu verso°, non appena aveva installato il terzo macigno, e lo abbandonava per afferrare il quarto, il terzo le crollava addosso°, e qualche volta le ammaccava° le mani. Avrebbe dovuto avere quindici o venti mani, una per ogni pietra.

Un giorno chiese a Brokne come, quando e da chi il ponte era stato fatto, ma Brokne le rispose di malumore° che il mondo è pieno di misteri, e che se uno volesse risolverli° tutti non digerirebbe° più, non dormirebbe e forse diventerebbe matto. Quel ponte c'era sempre stato; era bello e strano, ebbene? Anche le stelle e i fiori sono belli e strani, e a farsi troppe domande si finisce con il non accorgersi più che sono belli. Se ne andò a pascolare in un'altra valle; a Brokne l'erba non bastava, e ogni tanto, di nascosto° da Danuta, divorava alla svelta° un giovane pioppo o un salice.

Sul finire dell'estate, Danuta s'imbatté° un mattino in un faggio abbattuto°: non poteva essere stato il fulmine°, perché splendeva il sole da molti giorni, e Danuta era sicura di non averlo urtato° lei stessa inavvertitamente°. Si avvicinò, e vide che era stato reciso° con un taglio netto°, si vedeva a terra il disco biancastro del ceppo, largo come due delle sue dita. Mentre guardava stupita, sentí un fruscio, e vide, dall'altra parte della valle, un altro faggio che crollava a terra, sparendo fra gli alberi vicini. Discese e risalí, e scorse° un animaletto che fuggiva a tutta forza° verso la balza° delle caverne. Era diritto e correva con due gambe; buttò a terra un arnese lucente° che lo impacciava° nella corsa, e s'infilò° nella caverna più vicina.

Danuta sedette° lí accanto con le mani tese°, ma l'animaletto non accennava° a uscire. Le era sembrato grazioso, e doveva anche essere abile° se da solo era riuscito ad abbattere un faggio; Danuta fu subito sicura che il ponte l'aveva costruito lui, voleva fare amicizia, parlargli, non farselo scappare°. Infilò

with a jerk / fingertip

to discover

with a start
slope / light / to throb
(qui: to flicker) / to strain
one's ears / woodpeckers /
bark (of a tree)

fermarsi

alla svelta / to hide (as in
an animal's den) / in the
thick of the woods / andare
/ she trapped him in the
palms of her hands /
fierce, proud
to pinch it between her
index finger and thumb /
to capture

to struggle, writhe / to bite

to put down
drowned
if D. hadn't hurried to fish
him out
to grumble, complain

to stay away from /
Besides

tuft

to sneer

to kick up a storm, throw
a tantrum

was dying to hug him

un dito nell'apertura della grotta, ma sentí una puntura e lo ritirò subito di scatto° con una gocciolina di sangue sul polpastrello°. Aspettò fino a buio, poi se ne andò, ma a Brokne non raccontò niente.

Il piccolino doveva avere una gran fame di legno, perché nei giorni seguenti Danuta ne rinvenne° le tracce in vari punti della valle. Abbatteva di preferenza i faggi più grossi, e non si capiva come avrebbe fatto per portarseli via. In una delle prime notti fredde Danuta sognò che la foresta era in fiamme e si svegliò di soprassalto°; l'incendio non c'era ma l'odore dell'incendio sì, e Danuta vide sull'altro versante° un chiarore° rosso che palpitava° come una stella. Nei giorni seguenti, quando Danuta tendeva l'orecchio°, sentiva un ticchettio minuto e regolare, come quando i picchi° perforano le cortecce°, ma più lento. Cercò di avvicinarsi a vedere, ma appena lei si muoveva il rumore cessava°.

Venne finalmente un giorno in cui Danuta ebbe fortuna. Il piccolino si era fatto meno timido, forse si era abituato alla presenza di Danuta, e si mostrava di frequente fra un albero e l'altro, ma se Danuta accennava ad avvicinarsi scappava svelto° a rintanarsi° fra le rocce o in mezzo al fitto del bosco°. Danuta lo vide dunque avviarsi° verso la radura dell'abbeveratoio; lo seguí di lontano cercando di non fare troppo rumore, e quando lo vide allo scoperto con due lunghi passi gli fu addosso e lo intrappolò fra i cavi delle mani°. Era piccolo ma fiero°: aveva con sé quel suo arnese lucente, e tirò due o tre colpi contro le mani di Danuta prima che lei riuscisse a pizzicarlo fra l'indice e il pollice° e a buttarglielo lontano.

Adesso che l'aveva catturato°; Danuta si rese conto che non sapeva assolutamente che cosa farsene. Lo sollevò da terra tenendolo fra le dita: lui strideva, si dibatteva° e cercava di mordere°; Danuta, incerta, rideva nervosamente e tentava di calmarlo carezzandolo con un dito sulla testa. Si guardò intorno: nel torrente c'era un isolotto lungo pochi passi dei suoi; si sporse dalla sponda e vi depose° il piccolino, ma questo, appena libero, si buttò nella corrente, e sarebbe certo annegato° se Danuta non si fosse affrettata a ripescarlo°. Allora lo portò da Brokne.

Neppure Brokne sapeva che farsene. Brontolò° che lei era proprio una ragazza fantastica; il bestiolino mordeva, pungeva e non era buono da mangiare, che Danuta gli desse il largo,° altro da fare non c'era. Del resto° stava scendendo la notte, era ora di andare a dormire. Ma Danuta non volle sentire ragione, l'aveva preso lei, era suo, era intelligente e carino, voleva tenerselo per giocare, e poi era sicura che sarebbe diventato domestico. Provò a presentargli un ciuffo° d'erba, ma lui girò la testa dall'altra parte.

Brokne sogghignò° che tanto domestico non era e che in prigionia sarebbe morto, e si stese in terra già mezzo addormentato, ma Danuta scatenò un capriccio d'inferno°, e tanto fece che passarono la notte col piccolino in mano, a turno, uno lo teneva e l'altro dormiva; verso l'alba però anche il piccolino era addormentato. Danuta ne approfittò per osservarlo con calma e da vicino, ed era veramente molto grazioso: aveva viso, mani e piedi minuscoli ma ben disegnati, e non doveva essere un bambino, perché aveva la testa piccola e il corpo snello. Danuta moriva dalla voglia di stringerselo contro il petto°.

Of course	
to refuse	
acorns / beechnuts / 105	
wildness	

Appena si svegliò cercò subito di fuggire, ma dopo qualche giorno incominciò a farsi più lento e pigro. — Per forza°, — disse Brokne: — non vuole mangiare —. Infatti il piccolino rifiutava° tutto, l'erba, le foglie tenere, perfino le ghiande° e le faggiole°. Ma non doveva essere per selvatichezza°, perché invece beveva avidamente dal cavo della mano di Danuta, che rideva e piangeva dalla tenerezza. Insomma, in pochi giorni si vide che Brokne aveva ragione: era uno di quegli animali che quando si sentono prigionieri rifiutano il cibo. D'altra parte, non era possibile andare avanti così, a tenerlo in mano giorno e notte, un po' l'uno, un po' l'altra. Brokne aveva provato a fabbricargli una gabbia° perché Danuta non aveva accettato di tenerlo nella grotta: lo voleva avere sotto gli occhi e temeva che al buio si ammalasse°.

cage 110

to get sick
uprooted / ash trees

Aveva provato, ma senza concludere nulla: aveva divelto° dei frassini° alti e diritti, li aveva ripiantati in terra a cerchio, ci aveva messo in mezzo il piccolino e aveva legato insieme le chiome° con dei giunchi°, ma le sue dita erano grosse e maldestre°, e ne era venuto fuori un brutto lavoro. Il piccolino, benché indebolito dalla fame, si era arrampicato° in un lampo° su per uno dei tronchi, aveva trovato una lacuna° ed era saltato a terra all'esterno. Brokne disse che era tempo di lasciarlo andare dove voleva; Danuta scoppiò a piangere°, tanto che le sue lacrime rammollirono° il terreno sotto di lei; il piccolino guardò in su come se avesse capito, poi prese la corsa° e scomparve° fra gli alberi. Bronke disse: — Va bene così. Lo avresti amato, ma era troppo piccolo, e in qualche modo il tuo amore lo avrebbe ucciso.

foliage / reeds, rushes 115
clumsy
to climb / in a flash
gap
to burst into tears
to soften, soak 120
to take off running / to
disappear

Passò un mese, e già le fronde° dei faggi volgevano al porporino°, e di notte il torrente rivestiva° i macigni di un sottile strato° di ghiaccio. Ancora una volta Danuta fu svegliata in angoscia dall'odore del fuoco, e subito scosse° Brokne per ridestarlo°, perché questa volta l'incendio c'era. Nel chiarore della luna si vedevano tutto intorno innumerevoli fili° di fumo che salivano verso il cielo, diritti nell'aria ferma e gelida; sì, come le sbarre di una gabbia, ma questa volta dentro erano loro. Lungo tutta la cresta delle montagne, sui due lati della valle, bruciavano fuochi, e altri fuochi occhieggiavano° molto più vicini, fra tronco e tronco. Brokne si levò in piedi brontolando come un tuono: eccoli dunque all'opera, i costruttori di ponti, i piccoli e solerti.° Afferrò° Danuta per il polso° e la trascinò verso la testata° della valle dove pareva che i fuochi fossero più radi°, ma poco dopo dovettero tornare indietro tossendo° e lacrimando, l'aria era intossicata, non si poteva passare. Nel frattempo, la radura si era popolata di animali di tutte le specie, anelanti° e atterriti°. L'anello di fuoco e di fumo si faceva sempre più vicino; Danuta e Brokne sedettero a terra ad aspettare.

branches, fronds / rosiness
to cover, clothe / layer 125
to shake
to wake him up
threads, strands

130

to gleam, glint

industrious / to grab
wrist / top
sparse / coughing 135

panting / frightened,
terrified ·

D. Elenca tutti gli aspetti fantastici che puoi trovare nel testo; per esempio, nomi, personaggi, attività.

E. Ci sono molti modi di vivere la natura — nella natura, dalla natura, senza la natura, contro la natura, oltre la natura.

   1. Descrivi il rapporto fra:

     a. i giganti e la natura

     b. gli altri animali e la natura

     c. l'uomo («il piccolino») e la natura

     d. i giganti e l'uomo

   2. Ora fai un confronto fra il rapporto dell'uomo e la natura e dei giganti e la natura.

3. Qual è, secondo te, la connessione fra l'epigrafe (la citazione introduttiva all'inizio del racconto) e il racconto stesso?

F. Che significato ha *il ponte* nel racconto? Secondo te, che cosa simboleggia questa costruzione? E *l'incendio*?

Dopo aver letto

G. Finisci il racconto. Quale sarà il destino dei giganti, gli animali, e la foresta?

H. L'allegoria è l'esposizione di un argomento simbolico tramite un linguaggio concreto. I personaggi e le azioni di questo racconto ci invitano ad una interpretazione simbolica. Secondo te, qual è il significato allegorico che Primo Levi vorrebbe comunicare con questo racconto?

I. Descrivi l'aspetto di Brokne e sua figlia Danuta.

Capitolo 22

Mania di solitudine

Cesare Pavese ▬▬▬▬▬▬

Cesare Pavese, nato a Santo Stefano Belbo (Cuneo) nel 1908, cominciò la sua carriera letteraria di saggista, poeta, e narratore come traduttore. La sua versione del *Moby Dick* di Melville è ormai classica. Visse il dramma di tutti gli italiani della sua generazione colpiti dalla guerra. Fu arrestato per antifascismo e confinato in Calabria. Nel 1936 pubblicò un volume di poesie, *Lavorare stanca*, da cui è tratta, dalla sezione «Dopo», la poesia che leggerete qui. I temi più frequenti di Pavese sono quelli della campagna natia, della solitudine (da cui Pavese si sentiva oppresso), e del desiderio di evadere dalla realtà. Morì suicida a Torino nel 1950. Per la denuncia della vita dura e della miseria della gente di campagna e per la novità della lingua immediata e mordente, il suo romanzo *Paesi tuoi* (1941) segna l'inizio del neorealismo nella prosa narrativa italiana.

Prima di leggere

A. Hai bisogno di allontanarti dagli altri e di stare sola/o a riflettere un po' sulla tua vita. Descrivi dove vai, perché scegli questo posto in particolare per isolarti e a che cosa pensi.

B. Nella vita quotidiana siamo circondati da molte cose alle quali non facciamo molta attenzione. Fai una piccola lista di queste cose che vedi ogni giorno senza dar loro molta importanza.

C. Descrivi ciò che vedi dalla finestra della tua stanza di giorno o di notte, ispirandoti ai suggerimenti seguenti.

Vocabolario utile

sole • stelle • luna • buio • luce brillante • chiaroscuro • candela • lampadina elettrica • pianura • colline • sassi • cemento • fontane • case • tetti • vie • pedoni • animali • amici • uomini • donne • alberi • giardini • piante • rumore • brusio • fragore • vedere • guardare • sentire • ascoltare • immaginare • affaticarsi • assaporare • dentro • fuori • fertile • sterile • bello • brutto • interessante • chiuso • noioso • soleggiato • coperto • opaco • solo • immobile • mobile

La Lettura

Mania di solitudine

Cesare Pavese

1
    Mangio un poco di cena alla chiara finestra.
    Nella stanza è già buio e si vede nel cielo.
    A uscir fuori, le vie tranquille conducono
    dopo un poco, in aperta campagna.
    Mangio e guardo nel cielo — chi sa quante donne
    stan mangiando a quest'ora — il mio corpo è tranquillo;

to stun, dull one's senses   il lavoro stordisce° il mio corpo e ogni donna.

2
    Fuori, dopo la cena, verranno le stelle a toccare
    sulla larga pianura la terra. Le stelle son vive,

they're not worth as much as these cherries / rust   ma non valgono queste ciliege°, che mangio da solo.
    Vedo il cielo, ma so che tra i tetti di ruggine°

luce   qualche lume° già brilla e che, sotto, si fanno rumori.

sip   Un gran sorso° e il mio corpo assapora la vita

p.p. of staccare: *detached, removed*   delle piante e dei fiumi, e si sente staccato°da tutto.

Basta un po' di silenzio e ogni cosa si ferma
nel suo luogo reale, così com'è fermo il mio corpo.

to decompose, break down / hubbub

3   Ogni cosa è isolata davanti ai miei sensi,
che l'accettano senza scomporsi°: un brusío° di silenzio.
Ogni cosa nel buio la posso sapere
come so che il mio sangue trascorre le vene.
La pianura è un gran scorrere d'acque tra l'erbe,
una cena di tutte le cose. Ogni pianta e ogni sasso

nourishing my veins

vive immobile. Ascolto i miei cibi nutrirmi le vene°
di ogni cosa che vive su questa pianura.

to whisper / rumbles
to struggle

4   Non importa la notte. Il quadrato di cielo
mi susurra° di tutti i fragori°, e una stella minuta
si dibatte° nel vuoto, lontana dai cibi,
dalle case, diversa. Non basta a se stessa,
e ha bisogno di troppe compagne. Qui al buio, da solo,
il mio corpo è tranquillo e si sente padrone.

⟳ Domande sulla lettura

D. Il poeta gode del silenzio e della solitudine nella sua stanza buia guardando
prima il cielo e poi la pianura.

1. Perché preferisce stare solo e perché il suo corpo è tranquillo?

2. Come si contrastano le immagini del cielo e dei tetti per il poeta?

E. Stando immobile il poeta diventa più sensibile alle cose naturali ed organiche che lo circondano, immobili anche loro.

 1. Fai una lista di questi elementi.

 2. «Ogni cosa nel buio la posso sapere...» Perché non ha bisogno di vederle? Con quali altri sensi le percepisce nel buio?

 3. L'azione di mangiare diventa una metafora per l'atto solitario di impadronirsi di se stesso e di interiorizzare il mondo naturale. In questa chiave, quali sono i cibi terreni di cui il poeta si nutre?

F. Prova a spiegare in che senso il desiderio di solitudine assume un aspetto così prezioso da diventare una mania per il poeta.

Dopo aver letto

G. In questa poesia Pavese inventa un mondo personale di superrealtà al quale lui solo è ultrasensibile. Fai un'analisi della creazione di questo mondo privato, paragonando gli elementi esclusi con quelli inclusi.

H. Scrivi una tua poesia sul piacere della solitudine, ispirandoti ad oggetti familiari che conosci intimamente e che ti procurano una grande soddisfazione personale. Segui il modello di Pavese:

1. una scena interna
2. contrasti tra il mondo esterno e questa scena interna
3. come interiorizzi le cose privilegiate
4. il tuo stato d'animo finale

I. Scegli un altro modo di fuggire dalla realtà quotidiana e descrivilo in un componimento scritto che confronti il mondo esteriore dal quale scappi con quello interiore che entri nella tua fuga dalla «realtà».

Capitolo 23

Itinerario gastronomico: Un prezioso angolo del Senese

da *BUONO, RIVISTA DI ALIMENTAZIONE NATURALE*

Conosciamo tutti l'importanza della gastronomia nella cultura italiana. Fra le regioni di ottima cucina, c'è davvero l'imbarazzo della scelta in Italia. Qui sotto avrete la possibilità di seguire un itinerario gastronomico in una delle zone più conosciute per la sua cucina e il suo vino: la zona del Chianti. Dopo la lettura potrete cucinare e gustare alcune delle ricette dell'itinerario. Buon appetito!

Prima di leggere

A. Che cosa sapete del Chianti? Quali sono le principali città? i confini? i prodotti più conosciuti? Adesso consulta la cartina della zona senese del Chianti. Descrivi il territorio.

Vocabolario utile

borgo • pieve • resti • castello • certosa • chiostro • collina • torre • vigneto • strada • sentiero • campo • collinoso • fertile • boscoso

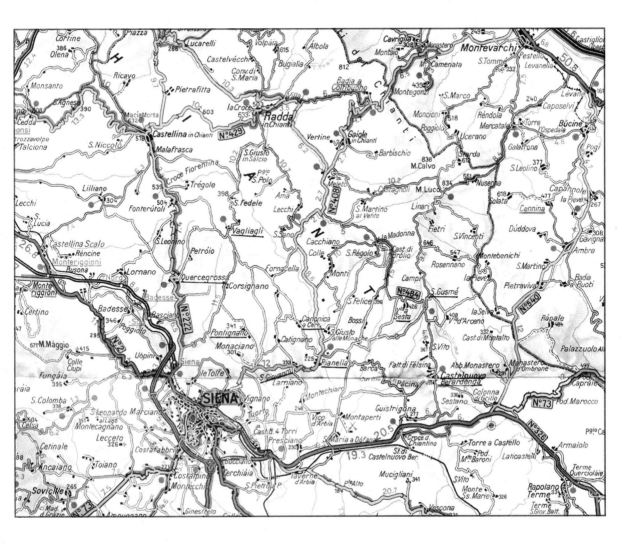

SEGNI CONVENZIONALI/CONVENTIONAL SIGNS/ SIGNES CONVENTIONNELS/ZEICHENERKLÄRUNG/ SIGNOS CONVENCIONALES

STRADE E AUTOSTRADE/ROADS AND MOTORWAYS/ROUTES ET AUTOROUTES/ STRASSEN UND AUTOBAHNEN/CARRETERAS Y AUTOPISTAS

Autostrada a carreggiate separate, stazione e svincolo, area di servizio, stazione a barriera
Motorway with dual carriageway, junction and toll gate, service area, toll barrier
Autoroute à chaussées séparées, échangeur avec péage, aire de service, barrière de péage
Zweispurige Autobahn, Gebühren- und Anschlussstelle, Raststätte u.Tankstelle, Gebührenstelle
Autopista de dos calzadas separadas, enlaces con peaje, área de servicio, barrera de peaje

Autostrada a carreggiata unica
Motorway with single carriageway
Autoroute à une seule chaussée
Einspurige Autobahn
Autopista con calzada única

Strada di grande comunicazione: a quattro corsie, larga o media, stretta
Primary route: four lanes, wide or medium, narrow
Route à grande circulation: à quatre voies, large ou moyenne, étroite
Fernverkehrsstrasse: vier Spuren, breite oder mittlere, schmale
Carretera principal: cuatro carriles, ancha o mediana, estrecha

Strada di interesse regionale: a quattro corsie, larga o media, stretta
Regional connecting road: four lanes, wide or medium, narrow
Route de liaison régionale: à quatre voies, large ou moyenne, étroite
Regionale Verbindungsstrasse: vier Spuren, breite oder mittlere, schmale
Carretera de enlace regional: cuatro carriles, ancha o mediana, estrecha

Altre strade importanti o di particolare interesse turistico, altre strade
Other important roads or roads of particular interest for tourists, other roads
Autres routes importantes ou de particulier intérêt touristique, autres routes
Sonstige wichtige Strassen von besonderem touristischem Interesse, sonstige Strassen
Otras carreteras importantes o con interés turístico especial, otras carreteras

Strade non asfaltate, strada praticabile con difficoltà
Unsealed roads, road practicable with difficulty
Routes non revêtues, route praticable avec difficulté
Strassen ohne Belag, schwer befahrbare Strasse
Carreteras sin asfaltar, carreteras utilizables con dificultades

Autostrada e strade in costruzione o in progetto, strada in galleria
Motorway and roads under construction or projected, road tunnel
Autoroute et routes en construction ou en projet, tunnel routier
Autobahn und Strassen im Bau oder geplant, Strasse im Tunnel
Autopista y carreteras en construcción o en proyecto, túnel de carretera

4-7%   7-12%   +12%

Pendenze; la salita è indicata dalla direzione delle frecce
Steep hill rising in the direction of the arrows
Montées et descentes; les flèches indiquent le sens de la montée
Steigungen; die Pfeilrichtung gibt die Steigung an
Pendientes, subiendo en el sentido de las flechas

5,7   3,3
9

Distanze chilometriche parziali e totali
Part and total distances in kilometres
Kilométrage partiel et global
Klein-und Grosskilometrierung
Distancias kilométricas parciales y totales

N7 141

Numero di autostrada, numero di strada statale
Motorway number, national road number
Numéro d'autoroute, numéro de route nationale
Autobahn-Nummer, Nationalstrassen-Nummer
Número de autopista, número de carretera nacional

FERROVIE E CONFINI/RAILWAYS AND BOUNDARIES/CHEMINS DE FER ET FRONTIÈRES/EISENBAHNEN UND GRENZEN/FERROCARRILES Y LÍMITES

Staz.   Gall.

Ferrovie a un binario, a due binari, tranvia, ferrovia a cremagliera o funicolare
Single track railway, double track railway, tramway, rack railway or funicular
Chemin de fer à une voie, à deux voies, tramway, chemin de fer à crémaillère ou funiculaire
Eingleisige und zweigleisige Eisenbahn, Strassenbahn, Zahnradbahn oder Seilstandbahn
Ferrocarril de vía sencilla y doble, tranvía, ferrocarril de cremallera o funicular

Passaggio a livello, cavalcavia, sottopassaggio
Level crossing, road bridge and underpass
Passage à niveau, passage supérieur et passage inférieur
Bahnübergang, Überführung und Unterführung
Paso a nivel, paso superior, paso inferior

Confini di Stato, di regione e di provincia
National and administrative boundaries
Frontières d'État et limites administratives
Staats- und Verwaltungsgrenzen
Límites de Estado y de unidades administrativas

ALTRI SEGNI/OTHER INFORMATION/AUTRES INDICATIONS/ SONSTIGES/OTRAS INFORMACIONES

Località di grande interesse, molto interessanti, interessanti
Places of particular interest, places of considerable interest, places of interest
Localités très intéressantes, localités intéressantes, localités remarquables
Besonders sehenswerte Orte, sehenswerte Orte, beachtenswerte Orte
Localidades de gran interés, muy interesantes, interesantes

Tratto di strada panoramico (indicato solo sulle strade principali), funivia, seggiovia
Beautiful scenery (main roads only), cable railway, chair-lift
Parcours pittoresque (seulement pour les routes importantes), téléphérique, télésiège
Landschaftlich schöne Strecke (nur für die wichtigen Strassen), Seilschwebebahn, Sessellift
Tramo pintoresco (solo en las carreteras principales) teleférico, telesilla

Rovine, castello, chiesa
Ruins, castle, church
Ruines, château, église
Ruinen, Schloss, Kirche
Ruinas, castillo, iglesia

Albergo, monumento, campo di battaglia, cimitero
Hotel, monument, battle-field, cemetery
Hôtel, monument, champ de bataille, cimetière
Hotel, Denkmal, Schlachtfeld, Friedhof
Hotel, monumento, campo de batalla, cementerio

Aeroporto civile, aeroporto turistico
Civil airport, airfield
Aéroport civil, aérodrome
Verkehrsflughafen, Flugplatz
Aeropuerto civil, aeródromo

≈ 312

Faro, valico e quota (in metri), dogana, traghetto, golf
Lighthouse, mountain pass with height (in metres), custom house, car ferry, golf-course
Phare, col et altitude (en mètres), douane, bac passant les autos, terrain de golf
Leuchtturm, Bergpass mit Höhenangabe (in Metern), Grenzübergang, Autofähre, Golfplatz
Faro, puerto de montaña con su cota de altitud (en metros), aduana, transbordador para autos, campo de golf

SCALA/SCALE/ÉCHELLE/MAßSTAB/ESCALA 1: 200 000

0   2   4   6   8   10 km
(1 cm = 2 km)

C. Scrivi una ricetta preferita di un piatto tipico delle tue origini.

Vocabolario utile

recipiente • terrina • padella • tazza • cucchiaio • pizzico • mescolare • tritare • aggiungere • allungare • pestare • unire • imburrare • infarinare • friggere • infornare • cuocere • bollire

Un prezioso angolo del Senese

combination

strada statale / (agg.) of the
Chianti district / the village
that was the birthplace of
intersection, crossroads   5

environment
surprised
those who died in the
WWII Resistance to   10
Fascism

wine shop

dating back to   15

facade / late-comers

Vittorio Alfieri (1749–1803),
political theorist   20

of the same name / work-
ing farm / Florentine
fashion designer
refreshing
to lead to
500 meters beyond   25
centuries-old
residence
to host
French novelist (1783–
1842) / to ask for infor-   30
mation / agricultural
cooperative

Carthusian monastery

  35

minor road, usually
unpaved / strada
provinciale
  40

Cose belle da vedere, buoni piatti da gustare: una piacevole accoppiata° per un fine settimana primaverile

Da Siena, prendendo la SS° 222 «Chiantigiana°» per Castellina in Chianti, dopo circa 7 km, si giunge a Quercegrossa, paese che ha dato i natali° allo scultore quattrocentesco Jacopo della Quercia. Arrivati a Quercegrossa, prendendo il bivio° sulla destra per Vagliagli, vi immergerete in un peculiare ambiente° chiantigiano. Immediatamente prima di raggiungere Vagliagli, rimarrete stupefatti° da un paesaggio «a tutto tondo», in prossimità di un monumento ai caduti della Resistenza.°

A Vagliagli, piccolo borgo rurale all'estremità nordoccidentale del territorio comunale di Castelnuovo Berardenga, potete pranzare al ristorante «La Taverna del Chianti» e fare acquisti presso l'enoteca° «Castello di Vagliagli». Usciti poi da Vagliagli, dopo circa 2 km, prendete il bivio sulla sinistra in direzione Castel-nuovo Berardenga, fino a raggiungere Pievasciata.

Di notevole interesse l'antico complesso fortificato con pieve risalente° al-l'XI secolo; sono ancora visibili due torri dell'antica fortificazione, una delle quali è allo stesso tempo la facciata° e il campanile dell'antica chiesa. Per i ritardatari°, è possibile pranzare al ristorante «La Pieve».

Dove sostò l' Alfieri°

Andando avanti verso Pianella si possono visitare i resti del Castello di Cerreto poco distanti dall'omonima° azienda agricola° di proprietà del marchese Emilio Pucci°. Procedendo per Pianella, nella bella stagione, si può andare a fare un bagno ristoratore° nella piscina comunale. Oppure, tornare indietro e prendere la strada che conduce° a San Giovanni a Cerreto e percorrerla per circa 2 km; oltrepassata di 500 metri° l'antica fattoria di Catignano, svoltare a destra, passando sotto a due cipressi secolari°. Giungerete così alla Villa di Geggiano, antica dimora° in elegante stile settecentesco, proprietà della famiglia Bianchi Bandinelli. La villa ospitò° uomini di cultura tra i quali l'Alfieri e forse anche Stendhal°. Vi si trova un bel giardino all'italiana con un suggestivo teatro all'aperto (per eventuali visite rivolgersi° al Consorzio° Valorizzazione Berardenga, tel. 0577/355500).

Scendete poi lungo la strada in direzione Ponte a Bozzone, dove si trova la «Vecchia Osteria» di Cinzia e Gianfranco. Risalite prendendo il bivio sulla destra per Pontignano, dove vi consigliamo di visitare la stupenda Certosa°: fondata nel 1343 e ampliata nel 1400, è uno dei più grandi complessi monastici del Senese. La Certosa contiene, tra gli altri, l'affresco dell'Ultima Cena di Bernardino Pocetti. Oggi la Certosa è sede del Collegio dell'Università di Siena.

Continuate poi per la strada bianca° in direzione Vagliagli. Una volta giunti sulla provinciale° asfaltata, prendete in direzione Siena e, dopo pochi chilometri, percorrerete alcune curve che sono diventate famose grazie alla pubblicità della pasta Barilla, per ritornare sulla SS 222 «Chiantigiana».

Lungo questo itinerario si incontreranno molte indicazioni di aziende agricole dove si potrà acquistare vino e olio di alta qualità e dove trovare ospitalità agrituristica°.

farms with rooms for tourists / fermarsi   45
country outing / here: surroundings

Per far cena alla «Vecchia Osteria» si consiglia di far sosta° al ritorno dalla tradizionale scampagnata° al bosco che, poco distante nella suggestiva cornice° di Geggiano, si svolge ogni Primo Maggio. Oppure anche in occasione della «Festa di Luna Nuova» che si tiene nell'ultima settimana di agosto nel chiostro dell'antica Certosa di Pontignano.

50   ## Ospitalità e ristoro

• Nel centro storico di Castelnuovo Berardenga la più squisita pasticceria della zona è la «Lodi-Pasini» in via Fiorita 6, tel. 0577/355638.

exquisite / almond cookies
fruit-and-nut cake
dusted off (updated) /   55
Creator / handmade by an artisan

to take out

Produce dolci sopraffini° della più classica tradizione senese: ricciarelli° e panforte°, ma anche un particolare panforte «superiore» dato da un'antica ricetta rispolverata° e applicata con ingredienti di assoluta qualità. Artefice° di tanto dolce artigiano°, la bravissima Stefania, che concede le sue delizie con grande misura. Per questa ragione conviene prenotare per tempo i quantitativi da asporto°.

• Ospitalità agrituristica di ottimo livello alla «Fattoria di Felsina», solo a 60 poche centinaia di metri dal centro del paese.

Località Felsina di Castelnuovo Berardenga (Si) tel. 0577/355117. Ottimi anche i vini. Il suo «Fontalloro» è stato segnalato tra i primi dieci 1990 nella classifica del Gambero Rosso°, mentre a un'altra eccellenza: la «Riserva Rancia» sono stati attribuiti i «tre bicchieri»°.

a culinary magazine
Gambero Rosso's highest rating for wine   65

• Proprio nel centro invece la Foresteria dell'Aia offre camere con piccola colazione. Via dell'Aia, 9 a Castelnuovo Berardenga (Si), tel. 0577/355565-355002.

• Ristorante «Vecchia osteria» di Cinzia e Gianfranco situato in località Ponte a Bozzone — Castelnuovo Berardenga (Si) tel. 0577/35809. Ottima la scelta dei vini tra i quali spiccano° il Bianco di San Polo, il Rosso (Gaiole) e il favoloso Chianti di Cacciano d'annata°. Specialità di Cinzia: la zuppa mediterranea; ravioli di piccione° delicati, petto d'oca° alle olive; focaccia di mamma Rosa.

to stand out   70
here: a good vintage
pigeon / breast of goose

• In centro a Castelnuovo il ristorante «Pappus», anche Enoteca, che nell'insegna rappresenta Pappus, una maschera della commedia rurale° toscana dell'età arcaica che interpreta un contadino gioviale, grande mangiatore e ancora miglior bevitore.

mask of a character in a   75
rural comedy

Chiuso la domenica sera e il lunedì, si trova in via del Chianti, 30–34, tel. 0577/355282.

80   • A San Gusmè in località Villa a Sesta è l'Osteria «La bottega del 30» che come sottotitolo recita: «Chi esce e chi entra». Gestita da una coppia di giovani ristoratori è ambientata in un vecchio locale che fu spaccio alimentare° e trattoria insieme. Ne conserva l'aria e la familiarità oltre che i piatti della cucina tipica popolana come la varietà di bruschette°, la zuppa di fagioli, i colli ripieni al verde. In Via Santa Caterina, 2 — tel. 0577/359226.

food shop

toasted bread with toppings
85

climber (botany)

Per scoprire altre opportunità gli indirizzi utili sono:
• Consorzio valorizzazione del territorio e dei prodotti della Berardega c/o Comune di Castelnuovo (signorina Sonia) tel. 0577/355500.
• Club amici del rampichino° c/o Rag. Marco Ragni, tel. 0577/355633

Dolci e Magiche Pozioni

Due proposte di Leo Codacci, sommo cultore della cucina regionale, Presidente dell'Accademia della cucina toscana, a Castelnuovo Berardenga, cittadino d'adozione di Borgo San Felice. Autore appassionato, ha fin qui prodotto le opere: «Civiltà della tavola contadina», «Mangiar bene» e «Le chicche»°. E altre due proposte invece dalla «cucina magica» dei secoli XV-XVI-XVII per un fine pasto, cosiddetto... infernale.

Tortelli di ricotta

Per sei persone: 300 g di pasta da pane già lievitata°; 200 g di ricotta, 100 g di zucchero, vaniglia, strutto° o olio, zucchero a velo°, olio di oliva, rhum.

Lavorare la pasta con un po' d'olio extravergine d'oliva e lasciarla riposare. In un recipiente mescolare la ricotta sbriciolata° con lo zucchero, un po' di rhum e un po' di vaniglia. Stendere° bene la pasta sfoglia° e ritagliarla in quadratini° di circa 8–9 centimetri di lato. Adagiare° un po' di ripieno (ricotta, ecc.) a triangolo, aiutandosi nei bordi° con una forchetta. Friggere questi tortelli in olio di oliva preoccupandosi che siano dorati° da tutte e due le parti. Adagiarli su carta da cucina e, al momento di servirli, spruzzarli° di zucchero a velo.

Torta di bietole

300 g di farina fiore°; 125 g di burro; 500 g di bietole°; 150 g di zucchero; 50 g di pinoli°; 30 g di uva passa°; 2 uova; sale, noce moscata° e cannella°.

Sulla spianatoia° versare la farina; fare la conca° ed incorporare 100 grammi di burro, 80 di zucchero, un pizzico di sale e i tuorli d'uovo°. Lavorare bene e ottenuto un impasto morbido e liscio°, coprire con un canovaccio° e lasciare riposare per due ore in luogo tiepido. Mondare° le bietole, privarle° delle costole° dure e lessarle° con la sola acqua rimasta sulle foglie. Andranno poi strizzate°, tritate e fatte insaporire° in padella dove si sarà fatto sciogliere° il burro rimasto. Mescolarle in una terrina insieme allo zucchero rimasto, ai pinoli, all'uva passa ammorbidita in acqua tiepida e strizzata, a un pizzico di cannella e di noce moscata. Trascorso il tempo necessario, la pasta andrà ripresa e stesa a sfoglia. Con una metà foderare° una tortiera precedentemente imburrata e infarinata. Cospargere° la superficie dell'impasto con bietole e coprire con il resto della sfoglia chiudendola bene ai bordi. Spennellare° bene la pasta con gli albumi d'uovo° e passare la tortiera in forno caldo e a calore medio per circa 25–30 minuti.

Dolce malefico° delle streghe°

3 tazze di farina di avena°; 2 tazze di farina di grano°; ½ cucchiaio da tavola di bicarbonato di sodio; un pizzico di sale; 3 cucchiai di strutto; 3

Glosses (left margin):

90

candies (babytalk) 95

risen
lard / powdered sugar
100

crumbled
to roll out / pastry dough /
little squares / to lay out
carefully / edges

golden 105
to sprinkle them

fine flour / swiss chard
cinnamon 110
pastry board / to make an
indentation / egg yolks

smooth / cloth
to clean / to remove from
them / ribs / to boil them 115
squeezed-out / diced / to
flavor / to melt

to line 120
to spread
to paint
egg whites

evil / witches 125
oats / wheat

honey
cloves

130

to come out / to dilute
rolling pin / thickness /
half-moons / geometric
shapes / 350°

coriander

135

to grind with mortar and
pestle / to call for

boar / It's up to you! / 140
cheesecloth

cucchiai di vino bianco; 2 cucchiai di miele°; ½ tazza di zucchero; 2 chiodi di garofano° tritati; un pizzico di pepe nero tritato.

Mescolare col miele lo strutto, lo zucchero ed il vino bianco. Aggiungere farina e bicarbonato; sale e farina di avena fino a ottenere una pasta omogenea. Se risultasse° troppo densa, allungare° con un po' d'acqua. Stendere col mattarello° fino allo spessore° di 2 cm. Tagliare a mezzelune° o a rombi° irregolari. Spruzzarci sopra polvere di cannella e infornare a 180°° di calore. Fare molta attenzione: a doratura avvenuta togliere subito dal forno.

Vinello luciferino

5 grani di coriandolo°; un pizzico di cannella; 3 fiori di camomilla; 2 foglie di menta fresca; 5 chiodi di garofano; 2 gocce di essenza di fiore di arancio.

Pestare in mortaio° fino alla riduzione a polvere. Unire un litro di vino rosso secco (la «formula» originale prevede°: «due gocce di sangue di toro o verro»°. Fate un po' voi°). Lasciare in fusione per tre giorni e poi filtrare con un panno di lino°.

 Domande sulla lettura

D. Descrivi la zona dell'itinerario.

E. Ora «gustate» la lettura! Studiate insieme le ricette proposte.
   1. Quali sono gli ingredienti a voi nuovi?

   2. Dove potreste trovarli?

   3. Con che cosa potreste sostituire gli ingredienti introvabili?

   4. Dividetevi in piccoli gruppi e ad ogni gruppo va il compito della preparazione di una delle ricette del menù proposto nell'articolo.

Dopo aver letto

F. Sviluppa un itinerario culturale in macchina, in bicicletta o a piedi di una zona vicino a casa tua oppure di una zona che conosci bene. Quali posti faresti vedere ad uno straniero/una straniera? Com'è il paesaggio? Dove e che cosa mangereste? Dove dormireste?

G. Sviluppa un itinerario gastronomico oppure culturale di un'altra zona d'Italia che ti piace o che ti piacerebbe scoprire.

H. Scrivi la ricetta del tuo piatto preferito, dolce o salato. (Magari potresti far assaggiare la tua creazione ai tuoi compagni di classe!)

Capitolo 24

Giornalismo: La prima pagina

«La Repubblica» ▬▬▬▬▬▬

La prima pagina che state per studiare è tratta da uno dei giornali più letti
d'Italia, *La Repubblica*, pubblicata a Milano ed a Roma. Fondato nel 1975
dal direttore attuale Eugenio Scalfari, è un giornale nazionale di
orientamento centro-sinistra.

Prima di leggere

A. Ti piace leggere i quotidiani? Qual è il tuo preferito? Come lo leggi? Cominci con
la prima pagina, le pagine sportive o culturali, le vignette oppure gli annunci?

B. Osserva il grafico nella pagina seguente e abbina le parti della prima pagina di un
giornale quotidiano con le lettere indicate.

testata _____

titolo/i _____

numero _____

titolo/i di apertura _____

occhiello _____

sommario/sommari _____

articolo di fondo/editoriale _____

articolo di spalla _____

vignetta _____

grafico _____

prezzo _____

annata _____

data _____

La Lettura

la Repubblica

Direttore Eugenio Scalfari

a b c Anno 19 Numero 72 L. 1300 d e f martedì 29 marzo 1994 g

Le prime proiezioni e gli exit poll: Forza Italia primo partito. Ad, Rete e Pannella non raggiungono il quorum

Ha vinto Berlusconi

La Destra con Bossi e Fini batte i Progressisti
Sconfitto il Centro di Martinazzoli

Un Paese diviso

NONOSTANTE l'incertezza del sondaggi e delle proiezioni che si sono inseguiti per tutta la notte, un dato è apparso chiarissimo fin dall'inizio: la maggioranza del paese ha votato a destra ed ha voluto, soprattutto, per Silvio Berlusconi. E' possibile che Forza Italia non abbia in termini di seggi, un'affermazione corrispondente a quella che risulta dal suffragi che globalmente l'hanno portata al primo posto rispetto alle altre forze politiche, ma il fatto resta e non sarà privo di conseguenze politiche. Berlusconi ha infatti ribadito, subito dopo la chiusura delle urne, la sua candidatura a Palazzo Chigi senza dare gran peso alle truenti dichiarazioni con le quali Bossi ha contestato la sua ascesa alla presidenza del Consiglio ed ha escluso di poter partecipare ad un governo insieme alla destra missina.

Vedremo nelle prossime settimane come si concluderà questa ennesima lite all'interno della destra; la sensazione che per ora se ne ricava è che Bossi cerchi di lucare il prezzo in favore della Lega. Altri sbocchi sembrano da escludere. Sarebbe infatti impensabile un capovolgimento delle alleanze a pochi giorni dal voto e sarebbe assai improbabile che, qualora il capo leghista persistesse veramente nella sua posizione, il suo gruppo parlamentare sarebbe disposto a seguirlo.

Ma certo Umberto Bossi di buone motivazioni per essere scontento ne ha. Il suo movimento era nato per spazzar via la vecchia struttura di potere che ha governato interrottamente il paese.

SEGUE A PAGINA 10

Tre istituti di sondaggio per la Rai e il Tg5: ecco le loro previsioni per il Parlamento

COALIZIONI	SENATO				CAMERA			
	ABACUS/RAI PROIEZ		DOXA/TG5 PROIEZ		CIRM/RAI PROIEZ		DOXA/TG5 EXIT-POLL	
	%	SEGGI	%	SEGGI	%	SEGGI	%	SEGGI
PROGRESSISTI	34,8	120/135	33,3	127	31,5	225/245	32,3	236/245
PPI - PATTO	17,3	28/36	16,5	6	15,5	45/65	14,7	34/40
POLO DELLE LIBERTA'	40,7	130/154	39,2	174	40,6	325/345	47,5	319/340
FORZA ITALIA, LEGA, ALTRI	20,6	(78/83)	(17,2)	(99)	(24,3)		(26,1)	(144/149)
FORZA ITALIA, ALL. NAZ., ALTRI	14,9	(46/61)	(15,5)	(72)	(16,1)		(14,1)	(142/155)
ALLEANZA NAZIONALE	5,2	(6/10)	(6,5)	(3)			(7,3)	(33/34)
ALTRI	7,1	8/13	9,1	8	3,5/5,5	5/10	5,5	6

PROPORZIONALE CAMERA

LISTE	CIRM/RAI PROIEZ		DOXA/TG5 EXIT-POLL			CIRM/RAI PROIEZ		DOXA/TG5 EXIT-POLL	
	%	SEGGI	%	SEGGI		%	SEGGI	%	SEGGI
PDS	19,2		19,6	39	PPI	10,6		8,1	14
RIF. COMUNISTA	5,6		5,8	10	PATTO SEGNI	4,6		5,2	11
RETE	1,7		1,8		FORZA ITALIA	23,6		24,3	42
PSI	1,8		2		LEGA NORD	8,3		9	15
VERDI	2,5		2,9		ALLEANZA NAZ.	13		12,6	24
AD	1,1		1,4		ALTRI	8		3,6	

Nel grafico i risultati dei primi exit poll che gli istituti di sondaggio hanno effettuato per Rai e Tg5. Il numero di seggi attribuiti è indicativo: la banda di oscillazione tra il minimo e il massimo di parlamentari è, come si vede, ampia. I dati tra parentesi rappresentano i seggi della destra divisi secondo le diverse alleanze con cui si è presentata al Nord e al Sud.

Il leader di "Forza Italia" si candida per Palazzo Chigi, ma il capo della Lega lo boccia

"Fermate il Cavaliere..."

A Piazza Affari un balzo del 4 per cento buoni risultati anche per i titoli di Stato

La Borsa galoppa lira più forte su dollaro e marco

A PAGINA 8

Pds e Popolari protestano, Mancino ordina ai prefetti di intervenire

Il tam tam delle voci cifre in libertà a urne ancora aperte

ROMA - «Mi auguro di poter assumere una responsabilità di governo» dice Silvio Berlusconi subito dopo il voto, quando ormai la vittoria della destra è fuori discussione. Ma il primo siluro gli arriva dall'alleato Umberto Bossi: «Aspetti a fare certe dichiarazioni e a candidarsi presidente del Consiglio perché rischia di fare una campagna pubblicitaria solo per se stesso. La Lega dovrà pensarci molto su, ma avere lui come capo del governo significa avere un affarista che si troverebbe a fare i conti tutti i giorni con i suoi interessi. Noi possiamo anche pensare di trovare un accordo, ma sul fatti e cioè sul federalismo e sul liberismo. Voglio vedere se quando parleremo di antitrust accetterà norme che colpiscono i suoi affari. In nessun paese al mondo c'è unoche ha tre televisioni o che le lui. Bossi ha poi parole durissime verso l'altro alleato, il missino Fini: nessun governo è possibile «con la destra forcaiola del fascismo». Ma il Cavaliere insiste: «Spero in un accordo con gli alleati, credo che la vittoria unisca». Una vittoria subito riconosciuta dal segretario del Pds Achille Occhetto, che però avverte: «Se la destra non riuscirà a formare un governo, vorrà dire che non avrà vinto, e allora tutti i giudizi si rovesceranno. A quel punto noi ci assumeremmo tutte le...

Gestirà con la Sip la rete dei cellulari europei

I telefonini all'Olivetti

di EDOARDO BORRIELLO
A PAGINA 47

Ventisette morti a Johannesburg

Battaglia tra neri strage in Sudafrica

NOSTRO SERVIZIO A PAGINA 18

Il grande drammaturgo aveva 81 anni

Addio a Ionesco re dell'assurdo

di ANDREA FRULLINI, ELENA GUICCIARDI

1.	raggiungono	*to reach*
2.	Berlusconi	imprenditore e leader di Forza Italia e del Polo della Libertà (coalizione di Forza Italia, Alleanza Nazionale, ed altri di partiti di destra)
3.	Bossi	leader della Lega Nord, partito federalista del Nord Italia
4.	Fini	leader di Alleanza Nazionale, partito neo-fascista
5.	i Progressisti	Coalizione Progressista = Partito Democratico della Sinistra (PDS), già Partito Comunista; il Partito Socialista; i Verdi, ed altri partiti di sinistra
6.	Sconfitto	*defeated*
7.	Martinazzoli	ex-leader del Partito Popolare Italiano, già Democrazia Cristiana
8.	si sono susseguiti	*to follow one after another*
9.	in termini di seggi	*in terms of seats*
10.	suffragi	*votes*
11.	non sarà privo	*to be without, lack*
12.	ha ribadito	*to confirm, stress*
13.	urne	*ballot boxes*
14.	Palazzo Chigi	*Offices of the Prime Minister*
15.	dare... peso a	*to give weight to*
16.	irruenti	*rash, impetuous*
17.	dichiarazioni	*declarations*
18.	ha escluso	*to exclude*
19.	missina	del MSI, il Movimento Sociale Italiano, partito neo-fascista
20.	ennesima	*umpteenth*
21.	lite	*controversy, quarrel*
22.	ricava	*to get, obtain*
23.	sbocchi	*openings*
24.	impensabile	*unthinkable*
25.	capovolgimento	*turning upside-down, undoing*
26.	assai	*rather*
27.	qualora	*if, when*
28.	leghista	della Lega Nord
29.	spazzar via	*to sweep away*

la Repubblica

Direttore Eugenio Scalfari

Anno 19 - Numero 72 - L. 1300

SEDE: 00185 ROMA, P.zza Indipendenza 11/b, tel. 06/49821, Fax 49822923 (c. post. 2412 Roma AD). Sped. abbon. postale /50%. PREZZI DI VENDITA ALL'ESTERO: Austria Sc. 26; Belgio F.B. 75; Canada $ C. 3,0; Danimarca Kr. 15; Egitto Pt. 700; Finlandia Fmk 10; Francia F. 12; Germania D.M. 3,5; Grecia Dr. 450; Lussemburgo F.L. 75; Malta Cents 50; Monaco P. F. 12; Norvegia Kr. 15; Olanda Fl. 4; Portogallo Esc. 350; Regno Unito Lst. 1,30; Spagna Pts 250 (Canarie 300); Svezia Kr. 15; Svizzera Fr. 2,80; Svizzera Tic. Fr. 2,5; Ungheria Fl. 215; U.S.A. $ 2,50. La Repubblica (Usps 005783) is published daily for $ 845 per year. Second class postage paid at Long Island City N.Y. and additional office. Postmaster: send address changes to La Repubblica c/o Speedimpex USA, Inc. - 3502 48th Avenue L.I.C., NY 11101-2421. Pubblicità concessionaria: A. MANZONI & C. - Milano - via Nervesa 21 tel. 02/574941

martedì 29 marzo 1994

Le prime proiezioni e gli exit poll: Forza Italia primo partito. Ad, Rete e Pannella non raggiungono il quorum

Ha vinto Berlusconi

La Destra con Bossi e Fini batte i Progressisti

Sconfitto il Centro di Martinazzoli

Un Paese diviso

NONOSTANTE l'incertezza dei sondaggi e delle proiezioni che si sono susseguiti per tutta la notte, un dato è apparso chiarissimo fin dall'inizio: la maggioranza del paese ha votato a destra ed ha votato, soprattutto, per Silvio Berlusconi. E' possibile che Forza Italia non abbia in termini di seggi, un'affermazione corrispondente a quella che risulta dai suffragi che globalmente l' hanno portata al primo posto rispetto alle altre forze politiche, ma il fatto resta e non sarà privo di conseguenze politiche. Berlusconi ha infatti ribadito, subito dopo la chiusura delle urne, la sua candidatura a Palazzo Chigi senza dare gran peso alle irruenti dichiarazioni con le quali Bossi ha contestato la sua ascesa alla presidenza del Consiglio ed ha escluso di poter partecipare ad un governo insieme alla destra missina.

Vedremo nelle prossime settimane come si concluderà questa ennesima lite all'interno della destra; la sensazione che per ora se ne ricava è che Bossi cerchi di alzare il prezzo in favore della Lega. Altri sbocchi sembrano da escludere. Sarebbe infatti impensabile un capovolgimento delle alleanze a pochi giorni dal voto e sarebbe assai improbabile che, qualora il capo leghista persistesse veramente nella sua posizione, il suo gruppo parlamentare sarebbe disposto a seguirlo.

Ma certo Umberto Bossi di buone motivazioni per essere scontento ne ha. Il suo movimento era nato per spazzar via la vecchia struttura di potere che ha governato ininterrottamente il paese.

—30—   —31—

COALIZIONI	SENATO				CAMERA			
	ABACUS/RAI PROIEZ.		DOXA/TG5 PROIEZ.		CIRM/RAI PROIEZ.		DOXA/TG5 EXIT-POLL	
	%	SEGGI	%	SEGGI	%	SEGGI	%	SEGGI
PROGRESSISTI	34,8	120/135	33,3	127	31,5	225/245	32,3	236/245
PPI - PATTO	17,3	28/36	16,5	6	15,5	45/65	14,7	34/40
POLO DELLE LIBERTA'	40,7	130/154	39,2	174	40,6	325/345	47,5	319/340
FORZA ITALIA, LEGA, ALTRI	20,6	(78/83)	(17,2)	(99)	(24,5)		(26,1)	(144/149)
FORZA ITALIA, ALL. NAZ., ALTRI	14,9	(46/61)	(15,5)	(72)	(16,1)		(14,1)	(142/155)
ALLEANZA NAZIONALE	5,2	(6/10)	(6,5)	(3)			(7,3)	(33/34)
ALTRI	7,1	8/13	9,1	8	3,5/5,5	5/10	5,5	6

PROPORZIONALE CAMERA

LISTE	CIRM/RAI PROIEZ.		DOXA/TG5 EXIT-POLL	
	%	SEGGI	%	SEGGI
PDS	19,2		19,6	39
RIF. COMUNISTA	5,6		5,8	10
RETE	1,7		1,8	
PSI	1,8		2	
VERDI	2,5		2,9	
AD	1,1		1,4	

	CIRM/RAI PROIEZ.		DOXA/TG5 EXIT-POLL	
	%	SEGGI	%	SEGGI
PPI	10,6		8,1	14
PATTO SEGNI	4,6		5,2	11
FORZA ITALIA	23,6		24,3	42
LEGA NORD	8,3		9	15
ALLEANZA NAZ.	13		12,6	24
ALTRI	8		3,6	

—32—

Nel grafico i risultati dei primi exit poll che gli istituti di sondaggio hanno effettuato per Rai e Tg5. Il numero di seggi attribuiti è indicativo: la banda di oscillazione tra il minimo e il massimo di parlamentari è, come si vede, ampia. I dati tra parentesi rappresentano i seggi della destra divisi secondo le diverse alleanze con cui si è presentata al Nord e al Sud.

—33—

Il leader di "Forza Italia" si candida per Palazzo Chigi, ma il capo della Lega lo boccia 34

"Fermate il Cavaliere...35"

—36—

A Piazza Affari un balzo del 4 per cento buoni risultati anche per i titoli di Stato

37 ## La Borsa galoppa lira più forte su dollaro e marco

A PAGINA 6

Pds e Popolari protestano, Mancino ordina ai prefetti di intervenire

38

39 *Il tam tam delle voci*
40 *cifre in libertà a urne ancora aperte*

—41— —42— —43—

Gestirà con la Sip la rete dei cellulari europei

I telefonini 43 all'Olivetti

di EDOARDO BORRIELLO

A PAGINA 47

Ventisette morti a Johannesburg

Battaglia tra neri 44 strage in Sudafrica

NOSTRO SERVIZIO A PAGINA 18

Il grande drammaturgo aveva 81 anni

Addio a Ionesco re dell'assurdo

di ANDREA FRULLINI, ELENA GUICCIARDI

30.	sondaggio	*survey*
31.	previsioni	*predictions*
32.	hanno effettuato	*to carry out*
33.	alleanze	*alliances*
34.	boccia	*to flunk, fail*
35.	Cavaliere	titolo di riconoscimento per servizio allo Stato; qui si riferisce a Silvio Berlusconi
36.	balzo	*jump*
37.	La Borsa	*the Stock Exchange*
38.	prefetti	*prefects (legal representatives of the national government at the municipal level)*
39.	tam tam	*drum beat*
40.	cifre	*figures, sums*
41.	Gestirà	*to manage*
42.	Sip	compagnia dei servizi telefonici, ora TELECOM ITALIA
43.	cellulari/telefonini	*cellular phones*
44.	strage	*massacre*

C. La prima pagina riferisce i risultati delle elezioni politiche del 27/28 marzo 1994. Hanno portato un gran cambiamento nella vita politica italiana. Con l'aiuto del tuo insegnante, fai una ricerca sulla natura dei maggiori fattori di cambiamento:

    1. lo scioglimento (*dissolution*) delle Camere e l'elezione di un nuovo Parlamento

    2. il voto maggioritario contro il voto proporzionale

    3. la prospettiva della nascita di una seconda repubblica

 **Domande sulla lettura**

D. Ecco la prima pagina della *Repubblica,* uno dei quotidiani più letti in Italia, di martedì 29 marzo 1994.

1. I titoli guidano l'occhio alle conclusioni. Qual è il risultato più evidente delle elezioni?

2. Chi sono i personaggi più importanti emersi dai risultati? E quali sono le maggiori coalizioni? E i partiti politici delle coalizioni?

3. Chi ha perso?

4. C'è una connessione fra la politica e l'economia del paese e fra i risultati ufficiosi e gli umori dei votanti. Quali sono gli effetti economici più immediati del voto?

E. Il linguaggio giornalistico della politica. Come tutti i mass media il giornalismo adopera dei lessici (linguaggi speciali) per creare certi effetti precisi.

1. In questa prima pagina, cerca qualche esempio di vocaboli che riflettano l'uso metaforico dei lessici seguenti:

sportivo

militare

scolastico

commerciale

2. Anche le lingue straniere vengono usate. Puoi trovare qualche esempio?

3. Che effetto fa l'uso di queste parole straniere?

F. **La vignetta.** I personaggi sono Silvio Berlusconi sulla destra e Achille Occhetto (leader del PDS nel 1994) sulla sinistra. Descrivi l'azione e il significato della vignetta.

Dopo aver letto

G. Fai una ricerca sull'attuale situazione politica in Italia. È stata istituita la seconda repubblica? Quali sono le attuali alleanze politiche? e i leader attuali?

H. In una democrazia repubblicana l'elezione di un nuovo Parlamento comporta talvolta l'apertura di un'assemblea costituente e la stesura di una nuova Costituzione. Immagina che si sia chiusa la Prima Repubblica negli Stati Uniti d'America e che stia per iniziare la Seconda Repubblica. Quali cambiamenti faresti alla Costituzione e perché?

I. Insieme con 2 o 3 compagni di classe prepara in italiano una prima pagina di tua invenzione basata sui maggiori avvenimenti di questi giorni.

Capitolo 25

Canzone: L'anno che verrà

Lucio Dalla

[Bologna 1943] Uno dei più famosi cantautori italiani, Dalla deve la sua fama alla grande capacità comunicativa e all'attualità delle sue canzoni che parlano in modo chiaro e spesso divertente dei problemi e delle sfide della vita quotidiana. I suoi album più conosciuti sono *Com'è profondo il mare* (1977), *Lucio Dalla* (1979), *Dalla* (1980), *1983* (1983), e *Cambio* (1990).

Prima di leggere

A. Tutti noi abbiamo amici che stanno lontano oppure che vediamo raramente per vari motivi. Scrivi una lettera ad un'amica lontana/un amico lontano nella quale descrivi la tua vita quotidiana, le tue speranze e le tue ambizioni. Quali sono i problemi che affronterai nei prossimi anni? Quali cose vorresti cambiare per creare un futuro migliore?

B. Facciamo un po' di esercizio con il futuro. Metti i verbi seguenti al futuro, usando il vocabolario se è necessario.

scendere	portare
passare	sparire
avere	scrivere
potere	fare
essere	stare
venire	ridere

c. La canzone che stai per ascoltare è uscita nel 1979. Il 28 marzo 1994, alla vigilia dei risultati delle elezioni politiche, Lucio Dalla ha riproposto questa canzone in un concerto a Bologna. Con l'aiuto del tuo insegnante, fai una ricerca sulla situazione politica alla fine degli anni '70 e all'inizio degli anni '90. Quali erano le maggiori preoccupazioni nel paese nel '79? e nel '94?

La Lettura

L'anno che verrà

Lucio Dalla

1
Caro amico ti scrivo
Così mi distraggo un po',
E siccome sei molto lontano
Più forte ti scriverò.
Da quando sei partito
C'è una grossa novità:
L'anno vecchio è finito ormai,
Ma qualcosa ancora qui non va.
Si esce poco la sera
Including   Compreso° quando è festa,
E c'è chi ha messo dei sacchi di sabbia
Vicino alla finestra.
E si sta senza parlare
Per intere settimane,
E a quelli che hanno niente da dire
del tempo ne rimane.
Ma la televisione
Ha detto che un nuovo anno
Porterà una trasformazione
E tutti quanti stiamo già aspettando.
Sarà tre volte Natale,
E festa tutto il giorno
E ogni Cristo scenderà dalla croce
Anche gli uccelli faranno ritorno.

2
Ci sarà da mangiare
E luce tutto l'anno,
mute   Anche i muti° potranno parlare
deaf   Mentre i sordi° già lo fanno.
E si farà l'amore
however she/he likes   Ognuno come gli va°,
priests   Anche i preti° potranno sposarsi
Ma soltanto a una certa età;
E senza grandi disturbi

sly, cunning Qualcuno sparirà
idiots Saranno forse i troppo furbi°
  E i cretini° di ogni età

3 Vedi caro amico
  Cosa ti scrivo e ti dico
  E come sono contento
  Di esser qui questo momento!
  Vedi vedi vedi vedi, vedi caro amico
  Cosa si deve inventare
to laugh about Per farti riderci sopra°
  Per continuare a sperare
  E se quest'anno passasse in un istante
  Vedi amico mio
  Come diventa importante
  Che in quest'istante ci sia anch'io.
  L'anno che sta arrivando
  Tra un anno passerà;
  Io mi sto preparando,
  E questa è la novità.

 **Domande sulla lettura**

D. L'indirizzo della canzone
  1. A chi scrive Dalla?

  2. Quando e perché?

E. Questa canzone è uscita sull'album *Lucio Dalla* nel 1979. Secondo l'autore, com'è la vita in Italia in quell'anno? Secondo te, per quale motivo la gente non esce la sera e non parla molto? Perché mai si metterebbe dei sacchi di sabbia alle finestre?

F. A quali problemi politici ed ecologici fa riferimento?

G. Che cosa succederà con il nuovo anno? Secondo te, l'autore è sincero? ironico? ottimista? pessimista? Motiva la tua risposta.

Dopo aver letto

H. Immagina la vita quotidiana di un'americana/o nell'anno 2100. Prima fai il ritratto del tuo personaggio — l'età, il sesso, la fisionomia, l'occupazione, i divertimenti, ecc. Poi descrivi dove e come vive questa persona.

I. Tutte le culture festeggiano l'anno nuovo in qualche modo. Difatti, in italiano c'è un proverbio che dice: «Anno nuovo, vita nuova.» Per te, che significato ha l'anno nuovo?

J. Immagina l'amico che legge la «lettera» della canzone. Scrivi la sua risposta in forma epistolare (in forma di lettera).

Capitolo 26

Ma era l'Italia nuda e formicolante

Pier Paolo Pasolini

Nella sua introduzione alla poesia di Pasolini, il grande romanziere Alberto Moravia lo chiama «il maggior poeta italiano di questa seconda metà del secolo.» Per molti Pasolini è anche un poeta civile, vale a dire poeta del popolo che sempre, secondo Moravia, «vede il Paese natale come non lo vedono né possono vederlo i potenti di questo Paese.» Due dei temi principali della poesia di Pasolini sono il pianto sulla patria devastata, prostrata, avvilita e la nostalgia per la cultura contadina. Pasolini nacque a Bologna il 5 marzo 1922 e morì assassinato ad Ostia vicino a Roma il 2 novembre 1975. Moravia conclude che «la poesia di Pasolini viene di lontano, dalle profondità remote della letteratura italiana. Da Dante e da Petrarca, che ci hanno parlato anche loro delle avventure dell'Italia.»

Prima di leggere

A. Descrivi un quartiere povero o il ghetto di una grande città. Che cosa si vede, si sente? Com'è la gente che ci vive?

Vocabolario utile

polvere • rifiuti • chiese • ragazzi che giocano per la strada • senzatetto • disoccupati • squallore • musica • spazzatura • prostituzione • trafficanti di droga • odori di cucina • fracasso • miseria

B. Incontri una persona che abita in questo quartiere che ti descrive la casa dove abita, con chi abita, l'ambiente del quartiere, il mestiere che fa, ed anche i suoi sogni. Che cosa ti racconta questa persona?

Ma era l'Italia nuda e formicolante

Pier Paolo Pasolini

A Roma, dal '50 a oggi, agosto del 1966,
non ho fatto altro che soffrire e lavorare voracemente.
unemployment Ho insegnato, dopo quell'anno di disoccupazione° e fine della vita,
5 in una scuoletta privata, a ventisette dollari al mese:
in the meantime frattanto° mio padre
ci aveva raggiunto
flight, escape e non parlammo mai della nostra fuga°, mia e di mia madre.
Fu un fatto normale, un trasferimento in due tempi.
plaster 10 Abitammo in una casa senza tetto e senza intonaco°,
on the outskirts of the city una casa di poveri, all'estrema periferia°, vicino a
prison (compare incarcerate) / dustbowl / swamp / swarming un carcere°.
C'era un palmo di polvere° d'estate, e la palude° d'inverno —
Ma era l'Italia, l'Italia nuda e formicolante°,
15 coi suoi ragazzi, le sue donne,
jasmine i suoi odori di gelsomini° e povere minestre,
on the fields of the Aniene, a tributary of the Tiber / intact, whole i tramonti sui campi dell'Aniene°, i mucchi di spazzatura,
e, quanto a me, i miei sogni integri° di poesia.
Tutto poteva, nella poesia, avere una soluzione.
20 Mi pareva che l'Italia, la sua descrizione e il suo destino,
dipendesse da quello che io ne scrivo,
infused with in quei versi intrisi di° realtà immediata,
non più nostalgica, quasi l'avessi guadagnata col mio
sudore —
25 Non aveva peso il fatto che io, certi giorni,
for a shave non avessi nemmeno le cento lire per farmi radere la barba°
dal barbiere,
crazy; matta, pazza la mia figura economica, benché instabile e folle°,
era in quel momento, per molti aspetti,
30 simile a quella della gente tra cui abitavo:
equals in questo eravamo proprio fratelli, o almeno pari°—
Perciò, credo, ho molto potuto capirli —

C. Questa poesia è ambientata a Roma dopo la seconda guerra mondiale. Descrivi il quartiere dove abitava Pasolini con la sua famiglia nel dopoguerra degli anni '50.

D. In questo ritratto urbano di una delle molte realtà italiane, il poeta confronta molti aspetti del bello e del brutto. Completa lo schema seguente, inserendo le parole o le immagini di opposto significato che mancano. Poi aggiungi altri confronti simili che avrai osservato.

brutto	*bello*
polvere e palude	...
...	odori di gelsomino
...	sogni di poesia
mucchi di spazzatura	...

E. «Ma era l'Italia, l'Italia nuda e formicolante...»
  1. Perché il poeta dice che l'Italia è nuda?

2. Che cosa significa «formicolare»? Spiega il rapporto tra questo verbo e l'immagine dell'Italia del dopoguerra nella seconda strofa.

F. Più tardi Pasolini è diventato un grande scrittore e poeta politico. È molto conosciuto anche come regista. Ma in questa poesia egli si immedesima con (*to identify with*) la gente povera del suo quartiere.

    1. Come si realizza questa identificazione?

    2. Come si spiega la solidarietà tra il poeta e la gente in mezzo alla quale abitava?

    3. Nell'ultimo verso il poeta sembra felice della sua coscienza sociale: «Perciò, credo, ho molto potuto capirli.» Che cosa ha capito?

G. Scrivi una poesia in forma libera nella quale descrivi il tuo rapporto con il quartiere dove abiti e la gente che ci vive. Sei molto o poco attaccato/a a loro? Perché?

H. Spiega il rapporto tra la povertà fisica ed economica di Pasolini in quegli anni e la sua ricchezza poetica.

I. In questa poesia Pasolini ci fa il ritratto delle condizioni di vita della classe sociale povera nell'Italia degli anni '50 e '60, orgoglioso di farne parte. Analizza la tecnica con cui il poeta dipinge questo ritratto della povertà, riassumendone tutti gli aspetti esteriori e cercando di spiegare la visione politica del poeta.

Il flauto nel bosco

Grazia Deledda

Grazia Deledda [Nuoro (Sardegna) 1871-Roma 1936] fu autodidatta e pubblicò il suo primo romanzo, *Fior di Sardegna*, a diciott'anni, avendo superato tanti duri ostacoli frappostile (*imposed on her*) dalla chiusa mentalità sarda. Questi ostacoli alla vocazione letteraria di una donna alla fine dell'Ottocento vengono raccontati nel suo romanzo autobiografico, *Cosima*, pubblicato nel 1937. Ci ha lasciato trentatrè romanzi e più di trecento racconti, la maggior parte legati alla rappresentazione della vita e della natura del mondo isolano. I paesetti, i pastori, e gli altri suoi personaggi conservano nondimeno un significato psicologico universale: nel 1926 le è stato consacrato il premio Nobel per la letteratura. Deledda fu la seconda donna e la prima italiana a ricevere questo grande onore.

 Prima di leggere

A. Cosa fai quando sei infelice? Se potessi andare in qualunque posto, dove andresti? Perché?

B. Il potere della musica

   1. Secondo Shakespeare, «*If music be the food of love, play on.*»
     Quale strumento musicale associ alla speranza? alla fantasia? all'infelicità?

   2. Prova a descrivere il suono di quest'ultimo strumento.

3. Quando questo suono è triste, quali reazioni ed esperienze ti evoca la sua voce?

C. Ti trovi in un bel bosco dove ti sei rifugiato/a per sentirti meno triste. Scrivi due o tre frasi che descrivono ciò che vedi e i rumori che senti.

D. Descrivi una situazione in cui è meglio sognare qualcosa di bello che ottenerlo.

La Lettura _____ ## Il flauto nel bosco

Grazia Deledda

fate

Per sfuggire, o tentare almeno di sfuggire ad una infelicità che la sorte° le aveva mandato gratis, la giovine donna se ne procurò un'altra al prezzo di lire sei mila.

luxury resort / trouble   5
Sei mila lire per due mesi d'affitto di una villa in una stazione climatica di lusso° non è molto: il guaio° è che la stazione climatica era lontana tre chilometri, e la villa si riduceva ad una casetta bella di fuori con la sua brava *crenellated tower / hovel, rat's nest (compare* topo) / *owl / spattered with dead mosquitoes*
torre merlata° e la loggia di marmo, e dentro una topaia° senza luce, senza acqua, col nido della civetta° nella terrazza, le pareti schizzate di zanzare morte°, e una temperatura da fornace.

Ma la donna era orgogliosa e non tornò indietro; e a tutte le sue cono-
scenze mandò la cartolina illustrata dove si vedeva questa sua villa che rassomi-
gliava a lei; bella ed elegante di fuori, e dentro piena di topi e di pipistrelli.°

bats

Per compenso, per andare allo stabilimento di cura° c'era un viale di
castagni e di abeti°, la cui fresca e solitaria bellezza dava conforto. Di tratto in
tratto non mancava modo di potersi riposare: una panchina, un paracarri°, il
parapetto basso di un ponticello.

spa
chestnut and fir trees
curbstone

Ella amava sedersi su questo muricciolo, davanti e dietro il quale, fra due
frangie di giunchi° e gli sfondi verdi del bosco chiazzati dell'azzurro del cielo, si
torceva un serpente d'acqua verdognola.

fringes of rushes

I merli, gli usignoli e le gazze° vi davano concerto.

*blackbirds, nightingales,
and magpies*

E un giorno, verso la fine di luglio, ai canti degli uccelli si unì
d'improvviso, anzi li fece tacere, il suono di un flauto.

Ella sollevò la testa perché le parve che venisse dall'alto, non sapeva se da
destra o sinistra, ma certo dall'alto, come il canto dell'usignolo dalla cima degli
abeti e dei castagni del bosco.

Ed era un motivo breve, variato, ma poi sempre ripetuto, e dolce appunto
come il canto dell'usignuolo; e a lungo andare, in quel silenzio, in quella solitudine, dava l'impressione che fosse davvero il canto di un ucello misterioso,
fantastico, come quello delle fiabe; un uccello che forse un giorno era stato un
uomo e che un incanto malefico° aveva tramutato in bestia.

evil spell

E raccontava, con la sua musica, la sua storia.

— La mia storia è apparentemente eguale a tutte le storie, eppure come
diversa! Come non c'è foglia eguale ad altra foglia, e onda° eguale ad altra onda,
così non c'è una storia d'uomo eguale ad altra storia d'uomo. La mia è questa:
sono stato anch'io fanciullo e felice; eppure perché piangevo così spesso? Sono
stato giovine e felice; e non piangevo più; eppure questa era la mia pena; non
poter più piangere come da bambino. Allora, per sfogarmi°, cantavo; ma né la
parola né la musica potevano dire ciò che veramente mi stava nel cuore, la
passione, il desiderio, l'ansia° verso una gioia che non sapevo dove e come fosse,
ma senza la quale credevo di non poter vivere. Solo quando cominciai ad amare,
intravidi un po' questa gioia, ma sempre come la luna fra le nuvole, lontana
fuggente. Ed io la volevo, come il bambino vuole la luna, e tentavo di volare per
afferrarla°. Cadevo e mi sollevavo; soffrivo e amavo di soffrire; e credevo di essere
il più infelice degli uomini, smarrito° sulla terra mentre avrei voluto essere un
astro° fra gli astri dell'infinito.

wave

to pour out my feelings

anxiety; ansietà

to grab it
lost
*stella (compare
astronauta)*

«Finché un giorno in una foresta nell'ascoltare il canto dell'usignolo mi
venne da piangere: così trovai un po' di bene. Ma volli andare a veder l'uccello
meraviglioso; e una fata° malefica che s'aggirava nel bosco tramutò anche me in
uccello.

fairy

«Così canto la mia storia che è apparentemente eguale a tante altre storie,
eppure così diversa.

E la donna, poiché quel suono era come l'eco del suo soffrire, si mise anche lei a
piangere: anche lei ritrovò nel pianto un po' di bene.

Ma un fischio° sonoro la richiamò in sé. Era un monello scalzo° che correva nel viale e fischiava contro la musica misteriosa, e, a lei parve, anche contro il suo intenerimento°.

pity
blind beggar
charitable coin

Tuttavia si alzò confortata ed ebbe pietà del mendicante cieco° che si lamentava nel crocevia del viale, e al quale prima non dava mai l'obolo°. Questa volta, invece, gettò nel vaso del vecchio cappellaccio rovesciato un pugno di monete.

Il fatto si ripete nei giorni seguenti. E non è lei sola a godere e soffrire; anche i passeggeri romantici, le coppie furtive, le vecchie signore straniere con un libro od una macchinetta per fotografie in mano, tutti insomma quelli che attraversano il viale, sono affascinati dal suono misterioso.

Qualcuno interroga il mendicante: il mendicante non sa nulla, anzi non ha neppure una lontana idea della cosa perché oltre all'esser cieco è anche quasi completamente sordo.

was irritated by other people's curiosity and inquiries
misshapen ragamuffin

La donna, che avrebbe voluto godere da sola l'incantevole musica, si irritava per la curiosità e le ricerche altrui°: ma a poco a poco curiosità e ricerche cessarono; ella osservò tuttavia che il viale era sempre più frequentato.

Un giorno vide presso il mendicante il ragazzo sbilenco e straccione° che aveva fischiato la musica del flauto e il dolore e l'intenerimento di lei: gli diceva qualche cosa all'orecchio, ma invece di gridare parlava sottovoce. Respinto dall'altro, gli si attaccava di più, come una mosca autunnale; finché non ottenne qualche moneta. Allora se ne andò di corsa, fischiando, e la donna lo vide sparire nel bosco come un animale selvatico.

p. remoto: attendere

Pensò che egli sapesse qualche cosa del suonatore misterioso e attese° di rivederlo per interrogarlo: egli però non ricompariva. D'altronde che le importava di conoscere il suonatore? Poteva essere uno stravagante nascosto tra i cespugli° del bosco e magari appollaiato° su un albero.

bushes / perched
(compare pollo*)*

— Che t'importa di conoscermi? — le diceva il suono del flauto. — La mia storia è, in fondo, come la tua; e perché vuoi darmi la caccia come io all'usignolo? Sta attenta che la fata del bosco, irritata, non ti faccia pentire°. La mia storia, in fondo, è come la tua.

repent

Eppure anche lei era curiosa. Tutto in noi è curiosità; e si dimentica il danno di un furto° per l'investigazione del come i ladri l'hanno compiuto; e si ricercano le cause di una malattia quasi che il conoscerle possa farci guarire.

damage caused by a robbery
to spoil

La curiosità di sapere chi suonava il flauto guastava° alla donna il piacere di ascoltarne la musica.

mistrust (compare la fiducia, la fede*)*

Forse era anche un senso di diffidenza°, ma forse era anche il principio di un sogno.

Ed ecco un giorno il ragazzo sbilenco si presentò proprio alla villa: aveva da vendere un coniglio°, certamente rubato, e del quale d'altronde chiedeva un prezzo tre volte superiore al giusto.

rabbit

to chase him away

La cuoca stava per scacciarlo° indignata, quando sopraggiunse la signora pronta per andare allo stabilimento.

— Va bene, — disse, — compreremo il coniglio, purché tu mi dica chi è che suona il flauto nel bosco.

Il ragazzo la fissò coi suoi occhi verdi sfrontati° e non rispose.

impudent 100

— Prendi il coniglio, — disse la signora alla cuoca, — e tu, ragazzo, vieni con me.

Egli volle i denari, prima di consegnare la bestia, poi andò con la signora: per farlo parlare occorse° però la lusinga° di un biglietto da cinque lire, che la donna si passava da una mano all'altra e ripiegava e spiegava°.

p. remoto: occorrere / enticement / to (re)fold and unfold 105

— Venite con me, — disse infine precedendola: e con un dito le accennò di seguirlo.

S'internarono in uno dei tanti piccoli sentieri che s'intrecciano° come vene fra i cespugli del bosco: e di passo in passo questo diventava così fitto°, scuro e spinoso°, che la donna aveva quasi paura a proseguire.

to intertwine
dense
thorny 110
p. remoto: parere
to pour

D'un tratto qualcuno la incoraggiò, anzi parve° chiamarla e attirarla; il suono del flauto spandeva° la sua chiara melodia nel silenzio, e rischiarava l'ombra sinistra del bosco coi suoi raggi d'argento. E come al chiaro di luna le cose prendevano un aspetto di sogno; i sentieri si allargavano, i cespugli dei rovi° parevano rosai° di un giardino incantato.

brambles
rosebushes 115
(sense of) hearing

Ma il suonatore aveva un udito° finissimo: si fermò, una prima volta, quando il ragazzo disse sottovoce alla donna:

— Andate fino a quell'albero mozzo° e guardate in su verso l'abete accanto: io non posso venire oltre perché quello se mi vede mi ammazza°.

tree stump
uccidere

120

E al fruscío dei passi e delle vesti di lei il suono cessò del tutto: ella riuscí solo a vedere, fra le grandi piume spioventi dell'abete, una specie di scimmiotto° che la fissava dall'alto con gli occhi verdi come quelli del ragazzo.

little rascal (compare scimmia)

to make fun of

— Tu ti burli° di me, — ella disse alla sua guida, che l'aspettava nascosto e voleva le cinque lire.

125

— Vi giuro che no. È mio cugino, diavolo! Suona per conto del mendicante che gli dà mezza lira al giorno; è per attirare gente nel viale.

Domande sulla lettura

E. Quali numeri/cifre indicano che il racconto non è moderno ma si svolge in un altro periodo?

F. Il rapporto interno/esterno. Precisa come l'esterno della casa assomiglia alla giovane donna e come pure il suo interno è simile a lei.

G. La protagonista s'immagina che il suono del flauto corrisponda alla voce di un uomo che una cattiva strega — «una fata malefica» — aveva trasformato in uccello. Fai una lista degli altri aspetti magici del racconto.

H. La curiosità umana della donna contrasta con l'aspetto fiabesco del racconto. Quali delle sue azioni sottolineano questo contrasto della realtà immediata con la realtà magica?

I. Traccia le alternanze di benessere e di infelicità nel monologo musicale del flauto, scegliendo le parole che corrispondono ad ogni tappa, secondo l'esempio seguente.

STARE BENE	STARE MALE
Descrizione/narrazione	*verbo*
fanciullo e felice	piangevo
...	...
...	...
...	...
...	mi venne da piangere

J. In chiave psicologica si può dire che la voce del flauto corrisponde ad una proiezione affettiva dello stato d'animo della donna. Più semplicemente, ne è una similitudine (*a simile*) uditiva. Infatti il suono del flauto le dice: «la mia storia, in fondo, è come la tua.»

1. Arriviamo alla fine del racconto senza che il narratore ci dica come reagisce la donna alla scoperta del suonatore fra i rami dell'abete. Quale potrebbe essere la sua reazione in quel momento?

2. Secondo te, perché la giovane donna vuole sapere chi suona il flauto?

3. L'illusione sonora illude la giovane donna piacevolmente. Invece il disinganno (*disillusionment*) procuratole dal ragazzo rischia di rattristarla di nuovo. Sarebbe stato meglio se la donna non avesse mai visto né saputo che il cugino del ragazzo sbilenco suonava il flauto per attirare gente nel viale? Spiega il perché.

Dopo aver letto

K. Scrivi un prologo al racconto che narra la vita precedente della giovane donna. Che cosa le ha procurato la prima infelicità? Usa i pochi dettagli che conosciamo del suo carattere. È stata sfortunata in una relazione amorosa? Perché?

L. Secondo il narratore, «La curiosità di sapere chi suonava il flauto guastava alla donna il piacere di ascoltarne la musica.» Analizza la relazione tra i vari contrasti nel racconto — per esempio c'è il rapporto esterno/interno tra la casa e la donna, quello tra elementi visibili ed invisibili, ed il rapporto tra il piacere e il dispiacere — per spiegare come la donna si procura il piacere e come si procura il dispiacere.

La bottega del caffè

Carlo Goldoni

Carlo Goldoni (Venezia 1707–Parigi 1793) è uno dei più importanti scrittori teatrali della letteratura italiana. Fin da giovane amava osservare la vita e frequentava assiduamente il teatro a Venezia. Preferiva il genere comico al teatro aristocratico e tragico e alla commedia dell'arte, e instaurò una riforma del teatro con le sue tante commedie borghesi nelle quali si rispecchia una nuova mentalità sociale. Trasferitosi in Francia nel 1762 per invito della Comédie Italienne a dirigere spettacoli a Parigi, ci lasciò ampie notizie della sua vita e del suo tempo nelle sue *Mémoires,* scritte nella lingua del paese che l'ospitava e l'onorava. *La bottega del caffè*, di cui vi presentiamo solo la prima scena del primo atto, fu recitata per la prima volta a Mantova nel maggio del 1750, poi a Venezia nell'anno seguente. Il testo originale era in gran parte in dialetto veneziano (vi segnaliamo queste parole nelle glosse con «veneziano») come molte commedie goldoniane. Fu tradotto tutto in toscano per la stampa nel 1753.

Prima di leggere

A. Viva il caffè! Fai due liste che confrontano come si prepara e si beve il caffè in Italia ed in America. In quale paese ci sono più variazioni possibili e immaginabili?

Vocabolario utile

tostare il caffè • torrefazione • ristretto • espresso • liscio • lungo • cappuccino • con o senza zucchero • macchiato • alla romana • caffelatte • corretto • decaffeinato

in Italia   *in America*

B. Ci sono tanti caffè nella tua città? Quali sono? Chi ci va? Ci vanno tanti giovani? Perché?

La bottega del caffè

Carlo Goldoni

PERSONAGGI

RIDOLFO caffettiere
DON MARZIO gentiluomo napolitano
EUGENIO mercante
FLAMINIO sotto nome di conte Leandro
PLACIDA moglie di Flaminio, in abito di pellegrina
VITTORIA moglie di Eugenio
LISAURA ballerina
PANDOLFO biscazziere°
TRAPPOLA garzone° di Ridolfo
Un GARZONE del parrucchiere, che parla
Altro GARZONE del caffettiere, che parla
Un CAMERIERE di locanda, che parla
CAPITANO di birri, che parla
Birri, che non parlano
Altri Camerieri di locanda, che non parlano
Altri Garzoni della bottega di caffè, che non parlano

proprietor or client of a gambling-house (veneziano) / server

La Scena stabile rappresenta una piazzetta in Venezia, ovvero una strada alquanto spaziosa, con tre botteghe: quella di mezzo ad uso di caffè, quella alla diritta di parrucchiere e barbiere, quella alla sinistra ad uso di giuoco, o sia biscazza; e sopra le tre botteghe suddette si vedono alcuni stanzini praticabili, appartenenti alla bisca, colle finestre in veduta della strada medesima. Dalla parte del barbiere (con una strada in mezzo) evvi la casa della ballerina, e dalla parte della bisca vedesi la locanda, con porte e finestre praticabili.

veloci	
clienti / con cortesia, buone maniere	*Ridolfo* — Animo, figliuoli, portatevi bene; siate lesti° e pronti a servir gli avventori°, con civiltà, con proprietà°: perché tante volte dipende il credito d'una bottega dalla buona maniera di quei che servono.
	Trappola — Caro signor padrone, per dirvi la verità, questo levarsi di buon'ora non è niente fatto per la mia complessione.
barcaioli (veneziano); boatmen	*Ridolfo* — Eppure bisogna levarsi presto. Bisogna servir tutti. A buon'ora vengono quelli che hanno da far viaggio, i lavoranti, i barcaruoli°, i marinai, tutta gente che si alza di buon mattino.
morire *(slang)* porters	*Trappola* — È veramente una cosa che fa crepar° di ridere, veder anche i facchini° venir a bevere il loro caffè.
brandy, e.g., grappa	*Ridolfo* — Tutti cercan di fare quello che fanno gli altri. Una volta correva l'acquavite°, adesso è in voga il caffè.
bere (veneziano)	*Trappola* — E quella signora, dove porto il caffè tutte le mattine, quasi sempre mi prega che io le compri quattro soldi di legna, e pur vuol bever° il suo caffè.
greed, gluttony	*Ridolfo* — La gola° è un vizio che non finisce mai, ed è quel vizio che cresce sempre, quanto più l'uomo invecchia.
	Trappola — Non si vede venir nessuno a bottega, si poteva dormire un'altra oretta.
wigs	*Ridolfo* — Or ora verrà della gente; non è poi tanto di buon'ora. Non vedete? Il barbiere ha aperto, è in bottega lavorando parrucche°. Guarda, anche il botteghino del giuoco è aperto.
bisca (veneziano); casino / it's been open a long time to bear dividends, pay off	*Trappola* — Oh! in quanto poi a questa biscazza° è aperta che è un pezzo. Hanno fatto nottata.
	Ridolfo — Buono. A messer Pandolfo avrà fruttato° bene.
"at the pawnshop" / he wins when he outsmarts the cardsharks *May you never become enamored of / "All the devil's flour turns to chaff." ("Crime doesn't pay.")*	*Trappola* — A quel cane frutta sempre bene; guadagna nelle carte, guadagna negli scrocchi°, guadagna a far di balla coi baratori°. I denari di chi va là dentro, sono tutti suoi.
	Ridolfo— Non v'innamoraste° mai di questo guadagno, perché la farina del diavolo va tutta in crusca°.
a charming, well-meaning young woman	*Trappola* — Quel povero signor Eugenio! Lo ha precipitato.
	Ridolfo — Guardate anche quello, che poco giudizio! Ha moglie, una giovine di garbo e di proposito°, e corre dietro a tutte le donne, e poi di più giuoca da disperato.
	Trappola — Piccole galanterie della gioventù moderna.
	Ridolfo — Giuoca con quel conte Leandro, e li ha persi sicuri.
	Trappola — Oh, quel signor conte è un bel fior di virtù.
	Ridolfo — Oh via, andate a tostare il caffè, per farne una caffettiera di fresco.
leftovers	*Trappola* — Vi metto degli avanzi° di ieri sera?
	Ridolfo — No, fatelo buono.

Trappola — Signor padrone, ho poca memoria. Quant'è che avete aperto bottega?

Ridolfo — Lo sapete pure. Saranno incirca otto mesi.

45 *Trappola* — È tempo da mutar costume.

Ridolfo — Come sarebbe a dire?

Trappola — Quando si apre una bottega nuova, si fa il caffè perfetto. Dopo sei mesi al più, acqua calda e brodo lungo. (*parte*)

egli

Ridolfo — È grazioso costui°; spero che farà bene per la mia bottega, 50 perché in quelle botteghe dove vi è qualcheduno che sappia fare il buffone, tutti corrono.

Domande sulla lettura

C. Dopo aver letto la descrizione della scena di questa commedia, guarda il disegno e identifica i posti numerati:

_____ il parrucchiere   _____ gli stanzini praticabili

_____ la casa della ballerina   _____ la casa del gioco («la biscazza»)

_____ il caffè   _____ la locanda

D. Chi sono i vari clienti della bottega, tutti amatori del caffè?

E. Piacere e insegnare al teatro: ieri e oggi. Il teatro di altre epoche, come quello settecentesco di Goldoni, ci offre tra l'altro un ricco documento storico del periodo.

1. Che cosa ci insegna questa prima scenetta della commedia dei costumi, dei vizi, e dei passatempi dei Veneziani ai tempi dell'autore?

i costumi

i vizi

i passatempi

2. Nel Settecento tutti impazzivano per il caffè, una bevanda come la cioccolata che era stata portata in Europa circa cent'anni prima. È vero ancora oggi ciò che dice Ridolfo a proposito di quello che è in voga, cioè che «Tutti cercano di fare quello che fanno gli altri»? Dai qualche esempio.

3. La gola. In che senso «la gola è un vizio che non finisce mai»? Sei d'accordo che questo vizio cresce quando invecchiamo?

F. Spiega i due atteggiamenti commerciali contrastanti di Ridolfo e di Trappola.

  1. Perché Ridolfo continua a fare il caffè buono dopo otto mesi?

  2. Perché invece Trappola lo farebbe molto più lungo, aggiungendovi «acqua calda e brodo lungo»?

  3. Che significa «lungo» in questo senso?

 Dopo aver letto

G. La commedia di situazione. Scrivi un'altra scenetta in cui Ridolfo e Trappola si trovano in un'altra situazione commerciale — in un negozio di CD o di video-cassette, in un grande magazzino, o in un negozio di abbigliamento per i giovani, per esempio — e parlano dei loro clienti. Ridolfo mantiene la posizione di un venditore onesto ma Trappola conserva tutti i suoi vizi.

H. Sviluppa il resto della commedia secondo la tua fantasia coinvolgendo i personaggi che conosciamo già. Ecco alcune possibilità.

  1. La ballerina ed il conte Leandro s'innamorano, ma....

  2. Trappola inganna Ridolfo e diventa il proprietario della bottega.

  3. Eugenio perde tutti i suoi soldi nel gioco e la moglie sospettosa lo sgrida perché sa che lui corre dietro alle altre donne.

Capitolo 29

Il lotto
da *Il ventre di Napoli*

Matilde Serao

[Patrasso (Grecia) 1856–Napoli 1927] Giornalista e scrittrice, la Serao pubblicò i suoi primi racconti su riviste letterarie. Fondò con il marito, Edoardo Scarfoglio, vari quotidiani fra cui *Il Corriere di Napoli*, *Il Mattino*, ed *Il Giorno* che diresse fino alla morte. La sua opera migliore è legata al verismo, una versione italiana del realismo, dedicata alla rappresentazione «vera» della vita agricola e urbana delle classi sociali più povere. Il racconto che leggerete fa parte di un servizio giornalistico su Napoli commissionatole dalla rivista *Capitan Fracassa*, di cui fu redattrice a Roma dal 1882.

Matilde Serao con la figlia Eleanora, a Livorno, 1910

Prima di leggere

A. I giochi di fortuna (o d'azzardo) sono popolarissimi in quasi tutte le culture. Le motivazioni di chi gioca sono varie. Cerca di descrivere alcune di queste ragioni.

Vocabolario utile

ricchezza • sfidare • fortuna • felicità • stimolo • speranza • vincere • guadagnare • viaggiare
• licenziarsi • sognare • investire • regalare • emozionare

B. In Italia i giochi di fortuna esistono in varie forme e si giocano in diversi modi. I seguenti sono alcuni esempi. Scopri come si giocano.
enalotto, le lotterie nazionali (di Agnano, Merano, Monza, Venezia, Viareggio), tombola, gratta e vinci

Ecco alcuni modi di giocare i numeri del lotto. Come funzionano? Consulta il vocabolario se è necessario.

ambata

terno

quaterna

cinquina

smorfia

C. Esiste una lotteria dove vivi? Hai mai giocato al lotto? Se rispondi di sì, come scegli i numeri da giocare? Hai mai vinto? Se la risposta è positiva, quanto o che cosa hai vinto? Che cosa hai fatto con le tue vincite?

La Lettura

Il lotto
IL VENTRE* DI NAPOLI

Matilde Serao

southern Italian
to mix / to merge /
burning, passionate

to grow red-hot / to ruin
oneself, waste away

inexhaustible / fantasy /
allowed / good-natured,
simple / to withstand /
poverty

sadness, gloom
colonnades, arcades /
dens, lairs

foods / to taste

intrusive, encroaching
boundaries
deprived
healthy / ray

Ebbene, a questo popolo eccezionalmente meridionale°, nel cui sangue s'incrociano° e si fondono° tante gentili, poetiche, ardenti° eredità etrusche, arabe, saracene, normanne, spagnuole, per cui questo ricco sangue napoletano si arroventa° nell'odio, brucia nell'amore e si consuma° nel sogno: a questa
5 gente in cui l'immaginazione è la potenza dell'anima più alta, più alacre, inesauribile°, una grande fantasticheria° deve essere concessa°.

È gente umile, bonaria°, che sarebbe felice per poco e invece non ha nulla per essere felice; che sopporta° con dolcezza, con pazienza, la miseria°, la fame quotidiana, l'indifferenza di coloro che dovrebbero amarla, l'abbandono di coloro
10 che dovrebbero sollevarla.

Felice per l'esistenza all'aria aperta, eredità orientale, non ha aria; innamorata del sole, non ha sole; appassionata di colori gai, vive nella tetraggine°; per la memoria della bella civiltà anteriore, greca, essa ama i bianchi portici° che si disegnano sull'azzurro, e invece le tane° dove abita questa gente,
15 non sembrano fatte per gli umani, e dei frutti della terra, essa ha i peggiori, quelli che in campagna si dànno ai maiali; e vi sono vivande° che non assaggia° mai.

Ebbene, il popolo napoletano rifà ogni settimana il suo grande sogno di felicità, vive per sei giorni in una speranza crescente, invadente°, che si allarga, si allarga, esce dai confini° della vita reale: per sei giorni, il popolo napoletano
20 sogna il suo grande sogno, dove sono tutte le cose di cui è privato°, una casa pulita, dell'aria salubre° e fresca, un bel raggio° di sole caldo per terra, un letto

*belly

bianco e alto, un *comò°* lucido, i maccheroni e la carne ogni giorno, e il litro di vino, e la culla° pel° bimbo e la biancheria per la moglie e il cappello nuovo per il marito.

Tutte queste cose che la vita reale non gli può dare, che non gli darà mai, esso le ha, nella sua immaginazione, dalla domenica al sabato seguente; e ne parla e ne è sicuro, e i progetti si sviluppano°, diventano quasi quasi una realtà, e per essi° marito e moglie litigano° o si abbracciano.

Alle quattro del pomeriggio, nel sabato, la delusione è profonda, la desolazione non ha limiti: ma alla domenica mattina, la fantasia si rialza, rinfrancata°, il sogno settimanale ricomincia. Il lotto, il lotto è il largo sogno, che consola la fantasia napoletana: è l'idea fissa di quei cervelli infuocati°; è la grande visione felice che appaga° la gente oppressa; è la vasta allucinazione che si prende le anime.

Ed è contagiosa questa malattia dello spirito: un contagio sottile e infallibile, inevitabile, la cui forza di diffusione non si può calcolare. Dal portinaio ciabattino° che sta seduto al suo banchetto° innanzi° al portoncino, il contagio del lotto si comunica alla povera cucitrice° che viene a portargli le scarpe vecchie da risuolare; da costei passa al suo innamorato, un garzone° di cantina°; costui lo porta all'oste° che lo dà a tutti gli avventori°, i quali lo seminano° nelle case, nelle officine°, nelle altre osterie, fino nelle chiese.

La serva del quinto piano, a destra, giuoca, sperando di non far più la serva; ma tutte le serve, di tutti i piani, giuocano, tanto la cameriera del primo che ha le trenta lire al mese, quanto la *vajassa°* del sesto, che ne prende otto, con la dolce speranza di uscir dal servizio, così duro; e si comunicano i loro numeri, fanno combriccola° sui pianerottoli°, se li dicono dalle finestre, se li telegrafano a segni. La venditrice di frutta, che sta sotto il sole e sotto la pioggia, giuoca, e dal suo angolo di strada, in giù, la moglie del sarto, che cuce sulla porta, la moglie dello stagnino° affogata° dal fetore° del piombo°, la lavandaia che sta tutto il giorno con le mani nella saponata°, la venditrice di castagne° che si brucia la faccia e le mani al vapore e al calore del fornello°, la venditrice di noci° che ha le mani nere sino ai polsi per l'acido gallico°, tutte queste donne credono nel lotto, giuocano fedelmente°, ardentemente°, al lotto.

Nella stanza stretta, dove otto o dieci ragazze lavorano da sarte°, e il bimbo della sarta dorme nella culla e in un angolo frigge° il lardo nel tegame sul focolare°, una dà i numeri, una seconda ne ha degli altri, la *maesta°* sa i veri, tutte costoro giuocano.

Le pettinatrici del popolo, le cosidette° *capere°*, dal grembiule arrotolato attorno alla cintura, dalla testa scapigliata°, dalle mani unte°, che pettinano per un soldo al giorno, portano in giro i numeri alle loro clienti, ne ricevono in cambio degli altri, sono il gran portavoce dei numeri. In tutte le officine dove gli operai napoletani sono riuniti a un lavoro lunghissimo, così male retribuito°, il lotto mette radici° profonde; in tutte le scuole popolari giuocano le maestre e giuocano le alunne grandicelle° in comitiva°, riunendo° i soldi della colazione. Dove sono riunite, a vivere di peccato°, le disgraziate° donne di cui Napoli ha così grande copia°, il lotto è una delle più grandi speranze: speranza di redenzione°.

Ma non credete che il male rimanga nelle classi popolari. No, no, esso ascende, assale le classi medie, s'intromette° in tutte le borghesie, in tutti i commerci, arriva sino all'aristocrazia. Dove vi è un vero bisogno tenuto segreto, dove vi è uno spostamento che nulla vale a riequilibrare°, dove vi è una rovina finanziaria celata° ma imminente, dove vi è un desiderio che ha tutte le condizioni dell'impossibilità, dove la durezza° nascosta della vita più si fa sentire, e dove solo il danaro può esser rimedio, ivi° il giuoco del lotto prende possesso, domina.

Segretamente, giuocano tutte le ragazze da marito° che non hanno un soldo di dote°; giuocano tutti i numerosi impiegati al Municipio, alle Banche, all'Intendenza°, al Dazio Consumo°; tutti i pensionati che non possono vivere con la pensione e che non avendo nulla da fare fanno la cabala°, studiano la scienza negromantica° del lotto, giuocano disperatamente e hanno sempre il libretto in pegno°; tutti i commessi di negozio, che guadagnano quaranta lire al mese, sanno i numeri certi e li giuocano ogni settimana. Grande reddito°, al lotto, lo dànno i magistrati: pagati miserevolmente, essi che rappresentano la più grande equità° morale, esposti° a tentazioni che respingono° con una inflessibilità degna° di maggior premio°, provvisti° di molti figli, rovinati dai traslocamenti°, la loro debolezza, la loro speranza consiste nel lotto.

I piccoli commercianti che si dibattono continuamente con le cambia-li° e fanno una lotta quotidiana col fallimento°, finiscono per aggrapparsi° a questa tavola così incerta del lotto; i grandi giuocatori di borsa, che vivono sopra il taglio di un rasoio° e son capaci di ballarvi sopra un waltzer, a furia di febbre del giuoco, assaggiano volentieri la speranza del lotto. Tutti questi sintomi del male saliente° alle classi dirigenti°, mi constano°, per aver visto, udito, compreso e intuito.

Le signore dell'aristocrazia giuocano un po' per burletta°, un po' con la speranza di un nuovo braccialetto, un po' per l'oppressione di una nota di sarta° che il marito non salderà° mai. Anche quelli che dovrebbero esserne salvi, perché abituati al male, perché ci stanno sempre in mezzo, gli impiegati dei banchi-lotto, i postieri, non possono resistere alla tentazione. Onde, alle quattro del sabato, tutti quelli che sono più ammalati, non possono più aspettare, e si recano° all'Impresa°, in una stretta strada fra la via Pignatelli e la via di Santa Chiara, per assistere alla estrazione dei numeri.

Ma tutte le serve, le venditrici, le operaie e gli operai, le ragazze e gl'impiegati non possono muoversi di dove sono. E allora un monello° parte, va al più vicino posto del lotto e prende i numeri: tutti aspettano. Le persone più franche° si fanno sulla porta e alle finestre, le vergognose° restano dentro, tendendo l'orecchio. Il ragazzo torna correndo, affannato, si pianta alla bocca del vicolo° e grida i numeri, con voce stentorea°:

«Vintiquatto!»

«Sissantanove!»

«Quarantaroie!»

«Otto!»

«Sittantacinche!»

diventano pallidi

brutality
false, imaginary / crime
sober

Silenzio universale: tutti impallidiscono°.

Ma come tutti i sogni troppo pronunziati, il lotto conduce alla inazione ed
115 all'ozio: come tutte le visioni, esso porta alla falsità e alla menzogna; come tutte
le allucinazioni, esso conduce alla crudeltà e alla ferocia°; come tutti i rimedi
fittizi° che nascono dalla miseria, esso produce miseria, degradazione, delitto°.

Il popolo napoletano, che è sobrio°, non si corrompe per l'acquavite, non
muore di *delirium tremens*; esso si corrompe e muore pel lotto. Il lotto è
120 l'acquavite di Napoli.

Domande sulla lettura

D. Scritto nel 1884, *Il ventre di Napoli* è un'indagine sulla vita nelle grandi
metropoli rivolta al Presidente del Consiglio che avrebbe detto, «Bisogna sven-
trare Napoli» per poi «eliminare» il degrado urbano. Con grande retorica, Serao
denuncia l'indifferenza e l'abbandono del governo verso una città, anzi una
cultura molto ricca come quella napoletana. Il sogno di vincere al lotto figura
come una delle grandi ambizioni sociali di tutti i napoletani.

1. Con molta passione, Serao descrive il carattere e l'immaginazione dei napoletani. Chi sono e come sono? Quali vocaboli usa per descrivere questa gente?

2. Per introdurre il perché del lotto, la tecnica della Serao si basa sull'antitesi (il
contrapporre parole o concetti per motivi di enfasi) e sulla struttura binaria
(composta di due elementi) della frase. Elenca alcuni esempi di questi aspetti
stilistici.

3. Descrivi come la Serao rappresenta le varie classi sociali di giocatori del lotto. Perché vogliono e come sperano di vincere?

E. Che ritmo ha la settimana? Quali sono i momenti più importanti?

F. Che cosa sono il verismo (dal concetto del «vero») e lo stile verista? Quali sono alcune delle caratteristiche veriste di questo testo?

✐ Dopo aver letto

G. La recente ripubblicazione di questo testo a più di cent'anni di distanza ha suscitato un po' di polemica per l'immagine abbastanza stereotipata e folcloristica dei napoletani. Che cosa pensi di questo giudizio? Quali sono alcuni esempi che danno ragione o torto a questa valutazione critica?

H. Hai vinto un milione di dollari con un biglietto della lotteria. Che cosa farai con tutti quei soldi?

I. Sei pro o contro i giochi di fortuna? Spiega le tue ragioni.

Capitolo 30

Pubblicità d'impegno politico e sociale

Le pubblicità che state per studiare cercano di sensibilizzare i consumatori su due argomenti di grande attualità in Italia—la qualità dei prodotti alimentari e la protezione dell'ambiente spesso soggetto a corruzione e malgoverno. La prima pubblicità prende spunto dal movimento ecologista e la nuova legislazione che riguarda l'agricoltura biologica o biodinamica. La seconda cerca di sostenere la crescente insofferenza verso la mafia e la solidarietà contro di essa, rompendo «la cultura del silenzio» che spesso circonda i tentativi di affrontare il comportamento mafioso.

Rappresentanti Verdi

 ### Prima di leggere

A. Devi sviluppare una pubblicità su un prodotto biologico. Che cosa vorresti indicare per convincere i consumatori della superiorità del tuo prodotto?

Vocabolario utile

produzione biologica/biodinamica • allevamento naturale • uso ridotto dei pesticidi • divieto di trattamenti chimici • uso di etichette chiare degli ingredienti

B. Il movimento verde o ecologista ha voce politica in molti paesi industrializzati. Con l'aiuto del tuo insegnante, indaga sul carattere e sul peso di questo movimento in Italia.

Rappresentanti Verdi.

Alto Adige. La mela che ride.
Da produzione integrata.

L'Alto Adige ha prodotto anche quest'anno 3.000.000.000 di mele nel rispetto della salute di piante, ambiente e persone.

Le mele pulite esistono, nascono in Alto Adige dove ve ne sono molte varietà tutte dall'aroma ricco e dai colori inconfondibili°. Sono il frutto del programma di produzione integrata "Agrios" e questo ne è il decalogo°. • Scelta delle varietà più adatte° a clima e terreno. • Accurata° selezione del materiale vivaistico° e del sistema di allevamento. • Cura del terreno nel rispetto ambientale. • Difesa antiparassitaria integrata; si attivano gli antagonisti naturali dei parassiti, come coccinelle°, acari° predatori e cinciallegre° riducendo così drasticamente l'uso di fitofarmaci°, impiegando comunque solo quelli più rispettosi della salute dell'uomo e dell'ambiente. • Massimo distanziamento° di ogni trattamento dal momento del raccolto. • Divieto° assoluto di qualsiasi trattamento° chimico di conservazione. • Obbligo° di registrare ogni operazione. • Continui controlli della frutta in campo ed in magazzino° con analisi di laboratorio da parte della Provincia Autonoma di Bolzano. • Esclusione delle aziende che non rispettino il programma. Grazie a questo programma, all'ecosistema intatto e al clima alpino particolarmente vocato°, le mele sono pulite e sane, le sole contrassegnate° da bollino° verde con coccinella simbolo della produzione integrata Alto Adige.

C. Questa pubblicità stabilisce un legame fra una nuova politica ecologica e una nuova politica alimentare. Un esempio meno conosciuto all'estero potrebbe essere il gioco di associazione fra lo slogan «La mela che ride» e il partito ecologista «Il sole che ride.»

1. Trova altri esempi di questo rapporto.

2. Come stabiliscono questo rapporto l'aspetto visivo e la grafica della pubblicità?

D. L'Italia è un paese di molte etnie, lingue/dialetti, e tradizioni. Questa pubblicità sottolinea il legame politico con la Repubblica di una zona di cultura italo-austriaca. Scopriamo il carattere di questo legame.

1. Che cos'è l'Alto Adige? e la Provincia autonoma di Bolzano? Perché è denominata «autonoma»? Quali sono le altre regioni autonome d'Italia?

2. Dove sono e che carattere hanno nella geografia e nella cultura italiana?

E. A che tipo di persona è indirizzata questa pubblicità? Prova a descrivere il consumatore del prodotto.

 **Dopo aver letto**

F. Questa pubblicità commercializza nuovi impegni politici ed alimentari nel panorama italiano. Crea una pubblicità similare per un prodotto americano. Che prodotto scegli? Come rappresenteresti le nuove idee ecologiche ed alimentari per un pubblico americano? Quali cambiamenti dovresti fare per attirare il consumatore americano?

G. Immagina un giorno nella vita del consumatore ideale di questa pubblicità. Racconta come questa persona passa la giornata.

L'ambiente è Cosa Nostra

 Prima di leggere

A. Secondo te, quali sono alcune delle immagini stereotipate dell'Italia?

1. Quando tu pensi all'Italia a che cosa pensi? (costumi, oggetti, comportamenti, sentimenti, istituzioni, prodotti, ecc.)

2. Perché ti vengono in mente questi elementi in particolare? Quali sono le origini di queste idee?

B. Che cosa sai della mafia (la criminalità organizzata) italiana e, in particolare, di Cosa Nostra (la mafia siciliana)?

Vocabolario utile

criminalità organizzata • delinquenza • speculazione edilizia • abusivismo edilizia • traffico di droga/di armi • casinò • prostituzione • mitra • lupara • gessato • appalto • tangente • estorsione • omertà

c. A che cosa pensi quando senti parlare di «uomini d'onore»? Che cosa potrebbe significare «onore» in questo contesto?

a. supported

b. to go together

c. to the detriment

d. to protect it

e. to use

f. member

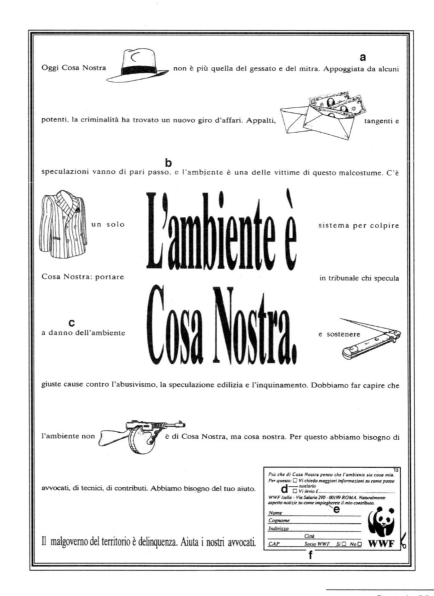

Oggi Cosa Nostra non è più quella del gessato e del mitra. Appoggiata da alcuni potenti, la criminalità ha trovato un nuovo giro d'affari. Appalti, tangenti e speculazioni vanno di pari passo, e l'ambiente è una delle vittime di questo malcostume. C'è un solo sistema per colpire Cosa Nostra: portare in tribunale chi specula a danno dell'ambiente e sostenere giuste cause contro l'abusivismo, la speculazione edilizia e l'inquinamento. Dobbiamo far capire che l'ambiente non è di Cosa Nostra, ma cosa nostra. Per questo abbiamo bisogno di avvocati, di tecnici, di contributi. Abbiamo bisogno del tuo aiuto.

L'ambiente è Cosa Nostra.

Più che di Cosa Nostra penso che l'ambiente sia cosa mia.
Per questo: ☐ Vi chiedo maggiori informazioni su come posso
— tutelario
☐ Vi invio £ ....
WWF Italia - Via Salaria 290 - 00199 ROMA. Naturalmente aspetto notizie su come impiegherete il mio contributo.

Nome
Cognome
Indirizzo
Città
CAP   Socio WWF   Sì ☐   No ☐   **WWF**

Il malgoverno del territorio è delinquenza. Aiuta i nostri avvocati.

D. In questa pubblicità il WWF Italia monta una campagna contro la prepotenza di Cosa Nostra come potere illegale. Quali sono i simboli usati per evocare i nostri sentimenti verso la mafia?

E. Definisci il gioco di significati dietro la frase «cosa nostra». In che modo la frase «Cosa Nostra» si trasforma da «cosa negativa» in «cosa positiva»? Che cos'è «la cosa nostra?»

F. Cerca le varie fasi dell'argomentazione elaborata in questa pubblicità:
   1. Che cosa vuole provare?

   2. Perché?

   3. Come?

G. Che importanza ha la grafica nella comunicazione del messaggio della pubblicità?

 Dopo aver letto

H. Tenendo conto del fatto che il WWF è un'organizzazione ambientalista internazionale, in che modo la speculazione edilizia, gli appalti truccati, le tangenti, e le estorsioni costituiscono un inquinamento dell'ambiente?

I. Inventa una pubblicità per un gruppo ambientalista che voglia salvaguardare un aspetto (scegli tu!) dell'ambiente.

J. Come giudichi l'efficacia della pubblicità — che cosa chiede al lettore? Credi che produrrebbe un sostegno concreto del WWF? Scrivi una recensione (*review*) in forma di una lettera alla redazione di una rivista sulla quale appare la pubblicità.

L'ora di Barga

Giovanni Pascoli

Giovanni Pascoli (San Mauro di Romagna 1855–Bologna 1912) trascorse una giovinezza serena e felice nella sua cara Romagna. Ma nel giro di pochi anni gli accaddero diverse sventure familiari e perse i genitori e tre fratelli. Diventato successivamente professore di latino e greco, di filologia classica, e finalmente di letteratura italiana all'università di Bologna, gli piaceva rifugiarsi con le due sorelle minori nella casetta rustica di Castelvecchio in Toscana. Pascoli fu iniziatore di un nuovo atteggiamento del gusto poetico: le sue parole non esprimono la realtà delle cose quanto intuiscono e suggeriscono il loro significato. Lo stato d'animo del poeta si esprime attraverso le immagini ed il suono dei versi. È una poesia di sensazioni —l'onda sonora delle campane, voci e cose circondate di silenzio, un canto diffuso ed assorbito nella malinconia contemplativa del paesaggio. In questa poesia, tratta dai *Canti di Castelvecchio* (1903), i rintocchi dell'orologio di Barga simboleggiano la voce stessa della vita che ci richiama alle occupazioni quotidiane ed ai rapporti familiari e sociali.

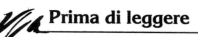

Prima di leggere

A. La sera in campagna. Quali attività, sensazioni, e suoni, quali pensieri ed emozioni ti evoca il passaggio dal giorno alla sera in campagna?

Vocabolario utile

trattorie • gallo • cincia • luce debole • vento • campane • campi • colline • ricordi • ozio • desideri • amore • fatica • sognare • meditare • ascoltare • fare una passeggiata • ascoltare i rumori campestri • sentire la tranquillità • isolato • solo • allegro • introspettivo • debole • vulnerabile • melanconico

B. Il sentimento acuto del tempo. Immagina che il tuo orologio si animi e ti parli, insistendo che tu ti muova mentre tu preferisci stare a sognare in un luogo prediletto. Un caso simile sarebbe quello del Coniglio che sollecita Alice nel Paese delle Meraviglie. Spiega perché l'orologio ti spinge ripetutamente e perché tu vuoi restare.

La Lettura

L'ora di Barga
Giovanni Pascoli

quiet corner, nook / dove
rustle of the tips of wheat
stalks

1   Al mio cantuccio° donde° non sento
se non le reste brusir del grano°,
il suon dell'ore viene col vento
dal non veduto borgo montano:
suono che uguale, che blando cade,
come una voce che persuade.

2   Tu dici, È l'ora; tu dici, È tardi,
voce che cadi blanda dal cielo.
Ma un poco ancora lascia che guardi

the spider, the bee, the
stem
nuvole (poetic)

l'albero, il ragno, l'ape, lo stelo°,
cose ch'han molti secoli o un anno,
o un'ora, e quelle nubi° che vanno.

immobile

3   Lasciami immoto° qui rimanere
fra tanto moto d'ale e di fronde;

farm

e udire il gallo che da un podere°
chiama, e da un altro l'altro risponde,
e, quando altrove l'anima è fissa,

the squawks of a
squabbling wren

gli strilli d'una cincia che rissa°.

4   E suona ancora l'ora, e mi manda
prima un suo grido di meraviglia

tinkling

tinnulo°, e quindi con la sua blanda
voce di prima parla e consiglia,

e grave grave grave m'incuora:
mi dice, È tardi; mi dice, È l'ora.

5   Tu vuoi che pensi dunque al ritorno,
voce che cadi blanda dal cielo!
Ma bello è questo poco di giorno
che mi traluce come da un velo!
Lo so ch'è l'ora, lo so ch'è tardi;
ma un poco ancora lascia che guardi.

6   Lascia che guardi dentro il mio cuore,
lascia ch'io viva del mio passato;
se c'è sul bronco° sempre quel fiore,
s'io trovi un bacio che non ho dato!
Nel mio cantuccio d'ombra romita°
lascia ch'io pianga su la mia vita!

7   E suona ancora l'ora, e mi squilla
due volte un grido quasi di cruccio°,
e poi, tornata blanda e tranquilla,
mi persuade nel mio cantuccio:
è tardi! è l'ora! Sì, ritorniamo
dove son quelli ch'amano ed amo.

tronco (della vita)

solitaria

preoccupazione, tormento
(*compare* crucciarsi per
qualcosa)

C. Il poeta medita sul tempo in un angolo isolato della campagna, lottando tra il desiderio di stare immoto a godere il crepuscolo e l'impressione che il suono della campana lo stia spingendo a ritornare a casa.

1. Quali elementi del mondo naturale lo affascinano?

2. Tali elementi naturali ed ambientali risvegliano quali sentimenti nel poeta?

3. Che cos'è «una voce blanda»?

D. Evidenzia nelle prime tre strofe gli aspetti linguistici, semantici, e ritmici (ad esempio la ripetizione di certe vocali, di parole, o dello stesso ritmo) che sottolineano la monotonia del passaggio del tempo.

E. La voce dell'ora. Il poeta sente l'ora come una presenza invisibile, siccome il suono della campana gli arriva da Barga, un paese di collina più in alto di Castelvecchio, la frazione (*unincorporated town*) dove egli ha una casa.

1. Sottolinea i verbi che caratterizzano la voce dell'ora.

2. Perché la sua percezione del tempo, simboleggiato dal suono ripetuto dell'ora preceduto da quello dei quarti, gli raccomanda di tornare a casa?

F. Il tono della penultima strofa è melanconico.

    1. Anche se non conosci la vita di Pascoli, perché pensi che il poeta dica che piange sulla sua vita passata?

    2. Ti sembra naturale questa oscillazione fra il mondo esteriore e quello interiore?

    3. Perché il poeta rientra finalmente?

Dopo aver letto

G. Pascoli ambienta questa poesia nel mondo rustico della campagna lucchese che ci richiama al secolo passato. Prova a riscrivere la poesia, in prosa se preferisci, evocando gli stessi grandi sentimenti ma ambientandola nel tuo mondo moderno.

H. In questa poesia c'è una tensione che va crescendo tra la serenità del mondo pastorale e pacifico e l'insistenza monotona del tema di «tempus fugit». Quest'ultimo ricorda al poeta (in realtà è lui che se lo ricorda) che dovrebbe lasciare il suo cantuccio dove invece vorrebbe rimanere. Traccia le varie tappe della «escalation» di questo conflitto, poi la sua soluzione nel dialogo tra la campana ed il poeta.

Capitolo 32

Poesie in prosa: Viola chiaro, rosa, argento da *CREPACUORE*

Monica Sarsini ▬▬▬▬

(Firenze 1954) Monica Sarsini, laureata in lettere e filosofia, vive e opera come artista multimediale a Firenze. Espone i suoi «collages» in gallerie in tutt'Italia. Come scenografa ha collaborato con vari gruppi teatrali d'avanguardia. Fra le sue pubblicazioni c'è da segnalare *Crepapelle* e *Crepacuore* (1985), dalla quale sono tratte le seguenti poesie in prosa.

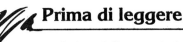

Prima di leggere

A. Il gioco delle associazioni. Facciamo delle associazioni con i colori seguenti. A quali cose (attività, sentimenti, caratteristiche) ti fanno pensare?

verde

nero

rosso

bianco

B. Adesso, descrivi un animale oppure una persona che associ con i seguenti colori:

viola

azzurro

rosa

C. Sogni in bianco e nero oppure a colori? Racconta un sogno ai compagni di classe.

La Lettura

Viola chiaro, rosa, argento

Monica Sarsini

Viola chiaro

uninhabited

distracted / puddle / diminished, toned down 5

to strive, exert oneself

postponed

resting, leaning / to 10 dangle

active, brisk
to run after / pigra
enterprising / to degenerate, decay 15

to make round, fill out / brand of motor-scooter / dusted off / croissants / spongy / crisp / drowsiness / surrendered, 20 given up / to proceed
to put together again

Viola chiaro si condensò nella penombra attraverso residui dell'alba, contemplò dai marciapiedi l'indifferenza familiare di luoghi ancora disabitati° dai predatori del tempo, si accese una sigaretta mentre le lunghe gambe morbide invadevano distratte° una pozzanghera°, e aspettò da quella posizione sfumata° che aprisse il bar all'angolo. Spariva e riappariva senza intermittenza, dissolvendosi con tenerezza, come qualcuno che stentava° a nascere nonostante fosse già là, sapeva che non avrebbe parlato ma sperava di sé un'improvvisazione gioiosa, sorpresa che si faceva per una festa lungamente rinviata° per timidezza. Si era alzato presto. La strada della città era deserta, all'edicola la proprietaria aspettava poggiata° sulla sua mano spenzolandosi° annoiata dalla parete di riviste che arrivassero i quotidiani in bicicletta.

Viola chiaro vide la luce il giorno, il consumarsi alacre° delle persone che fuggono per vizio anche se alcuno le rincorre°, per abitudine oziosa°, cercò di darsi un'aria intraprendente° che subito decadeva° perché non conservava una memoria di come andassero imitate le cose, si distrasse nuovamente da sé, conservando la pace ambigua di chi sente di non essere osservato, entrò nel bar arrotolando° i passi tra le lambrette° che frenano facendo come una ferita sull'asfalto, si confermò sulle tovaglie dei tavolini appena spolverati°, lungo il vetro che preservava dalla polvere le brioches° spugnose°, i biscotti crepitanti°.

Rimase lì a lungo in una specie di dormiveglia°, in un'attesa arresa°, indifferente al suo sentimento lacunoso, poi proseguì° vagabondando senza intenzione sui volti da ricomporre° dopo la lotta segreta della notte perché non

grandeur / overcome

25 rimanesse traccia dell'imponenza° del sogno sulle guance sopraffatte°, sugli sguardi esausti. Si cerca nelle vetrine di un negozio guardandosi come se fosse sorpreso di incontrarsi, tra le sue dita il silenzio, un filo lungo che non sa come distendere°. Sta nuovamente provando paura della morte, la paura che prova dissolve ogni sentimento di necessità, la sua comprensione della morte è una consapevolezza senza compassione da cui non sa risollevarsi°.

to stretch out

to cheer oneself up
within arm's reach

30 Rimase ancora là per arrivare più tardi, a portata di mano° delle parole che doveva ancora raccontare.

Rosa

Pallido gentile effemminato aromatizzato delicato timido. I tramonti sull'autostrada da Roma a Firenze con montagne nere che ritagliano il cielo limpido come può essere d'estate, capelli bianchi di donne con la crocchia° mentre fanno l'uncinetto° ancora a letto e la casa è organizzata di suoni di passi affaccendati° perché non si faccia troppo caso al tempo. Le scivolate° ridendo sulla neve delle slitte° oppure dagli scivoli° nei giardini tristi lungo i viali cittadini inutilmente confusi dai palloncini colorati. I maiali, i fiori della primavera sugli alberi da frutto, la lingua le gengive°, alcune sfumature° degli orecchi. Il calore il tepore i confetti°. Tentativi di riparazione°, oasi, un limbo che non sta in piedi se si tiene conto° di ciò che intorno incalza°. I fenicotteri, molti oggetti pacchiani°, stucchevoli°, leziosi°, una volontà di dimostrarsi carini e neppure cordiali, carini. Nausea, ovatta°, paura della solitudine di essere grandi in silenzio senza avere dei complici°. Natura snaturata, epifanie spettacolari. Astenersi° da una dichiarazione, avere timore di sentirsi giudicati, rinunciare alla polemica, essere stanchi di combattere e voler stare innocenti tornando indietro. Braccia incrociate ad ascoltare le confessioni di un semidisteso° il gomito poggiato sul tavolo sul letto le gambe rannicchiate° nell'intimità. Frammenti di carnevale, le creme, i capelli ravviati° sulla nuca°, fare la pace, non avere qualcuno da aspettare. L'ideologia familiare, alcuni pesci, le caramelle. Le cose antiche senza essere vecchie, le trine° le ragnatele° il sapone.

Il rosa con il nero, il rosa con l'arancione. Le illusioni le speranze i miraggi, le promesse mai mantenute, quando uno spera di credere che sia vero l'entusiasmo con cui aderisce° ad una proposta. I volti degli angeli abbacinati° tra le nuvole, rosa Pontormo*, rosa roseo. Continuare nel coro a cantare quando gli altri hanno smesso. Il domani che arride.°

L'abitudine, la mancanza di arroganza nel desiderio. Palmi di mano di negri. I fiocchi delle bambine all'asilo° e i fiocchi sui portoni e nelle vetrine dei negozi quando nasce una bambina che non va tenuta nascosta. Penne di struzzo° nuvole vapori fumi escrescenze° nebbiose che evaporano contro il

chignon
to crochet
busy / sliding
sleds / slides

gums / shading, nuances
sugared almonds /
Attempts to make up / to
account for / to press in
on / fun-loving,
high-living / tedious,
boring, insipid / affected,
mincing / cotton ball /
accomplices / to abstain

half-lying-down
crouched, pulled up
tidied up / nape of the
neck

laces / spiderwebs

to adhere to, support /
dazzled

to smile on, to favor

at daycare

ostrich / growths

*Jacopo Carrucci, detto Pontormo (1494–1556), pittore famoso per l'uso raffinato di colore, per esempio *La Deposizione* e *l'Annunciazione* nella chiesa di Santa Felicità a Firenze

grigio metallico della città. Fiori di cactus, capezzoli° di cani, margini teneri tra la vecchiaia ruvida dei pachidermi. Colore insostanzioso, colore che non vola,

rose-flavored pink liqueur

che non diventa ortaggio, che non raggiunge la maturità. Rosolio°.

Argento

to shine

Per cercarsi, per riflettersi ovunque, per risplendere° nell'oscurità.

to get along with, be in
tune with / to sparkle / to   65
catch / to calm oneself /
fantastic, like a fairy tale

Per affiatarsi° con gli oggetti, per ricordarsi dove si è, per luccicare°, per acchiappare° la luce, per giocare con i riflessi.

Per placarsi°, per meravigliarsi, per rendere un'immagine fiabesca°, preziosa, per aggiungere il movimento allo sguardo, per prolungare lo sguardo,

to enchant

per incantarsi° di superficialità.

Per meravigliarsi. Per provocare sorpresa, stupore, per evocare associazioni

to skin, peel   70

magiche, impressioni suggestive, per sgusciare° via dal tempo. Per fermarsi, e cercare di intravedere altro da quello che c'è, per mettere in dubbio che quello che c'è da guardare sia sufficiente.

Per esaltare la lucidità, e l'assenza di spigoli°.

sharp corner, edges
to adorn, embellish

Per decorare, per festeggiare, per ornare°, per rendere memorabile.

     75

Per non aspettare più.

appartenere; to belong

Perché al giorno appartenga° qualcosa della notte, perché la notte sia lo spazio.

Per garantirsi un'apertura, un punto di fuga, un luogo nella materialità che

capable of being followed,
pursued / feeling of   80
coolness / to mix

sia percorribile° come una musica. Per provare refrigerio°. Per essere rapidi, e forse sleali.

Per sognare. Per mescolare° il fuoco agli oceani.

Per annullare la superficie, per non avere profondità.

to escape

Per sfuggire° all'impulso di perpetuare.

Domande sulla lettura

D. Com'è strutturato ogni brano?

     1. Quali aspetti grammaticali e sintattici usa l'autrice per comunicare l'idea di ogni colore? Per esempio, l'uso di forme grammaticali in modo inaspettato oppure frasi molto lunghe o senza verbo.

2. Chi o che cosa è il narratore di ciascun pezzo?

3. Quali cose collegano le varie associazioni?

E. La Sarsini fa uso di un linguaggio associativo ricchissimo nei brani che abbiamo letto e che evocano una mescolanza forte di impressioni realistiche e metaforiche. Per esempio, «**viola chiaro** si condensò nella penombra attraverso residui dell'alba...,» **rosa** è «i maiali, i fiori della primavera sugli alberi da frutto, la lingua le gengive...,» e **argento** è «per meravigliarsi. Per provocare sorpresa, stupore, per evocare associazioni magiche...» Per ogni colore, tira fuori altri esempi di questo uso associativo della lingua.

viola chiaro:

rosa:

argento:

F. Quali conclusioni potresti trarre da queste evocazioni «colorate» in parole? Per la nostra immaginazione, che cos'è un colore? e una parola?

Dopo aver letto

G. Scrivi un «poema colorato in prosa» adoperando il tuo colore preferito.

H. Per te, esistono colori «positivi» e colori «negativi»? Secondo te, da dove derivano le nostre impressioni del «carattere» di un colore? Elabora una risposta servendoti di esempi di colori a tua scelta.

I. Queste poesie in prosa cercano di descrivere le sensazioni visive di alcuni colori attraverso le associazioni verbali. Ora, cerca di fare la stessa cosa con un suono a tua scelta.

da La storia: un romanzo

Elsa Morante

(Roma 1912–Roma 1985) La Morante iniziò giovanissima a pubblicare racconti ed articoli di costume (*human-interest stories*) sui primi rotocalchi (*popular illustrated magazines*) italiani. Ha vinto il Premio Viareggio nel 1948 con il romanzo *Menzogna e sortilegio* e il Premio Strega nel 1957 con *L'isola di Arturo*. Ha pubblicato anche poesie e racconti. Secondo Alberto Asor Rosa, storico della letteratura italiana, Elsa Morante è «scrittrice di grande complessità.» E tale complessità si manifesta chiaramente nel romanzo *La storia: un romanzo* (1974), che state per affrontare attraverso il brano seguente. In quest'opera, seguiamo la «storia» di un bambino, Useppe, sua madre Ida, e tanti altri personaggi che si mischiano con gli avvenimenti 'storici' dell'occupazione tedesca di Roma durante la Seconda Guerra Mondiale.

Prima di leggere

A. Facciamo una riflessione sull'infanzia, un periodo formativo nella vita di ognuno di noi. Abbiamo tutti ricordi belli e brutti di questo periodo che possono provocare felicità, tristezza, malinconia, e nostalgia.

1. Torna con la memoria alla tua infanzia. Come passavi le giornate?

Vocabolario utile

giocare • acchiappino • bambola • correre • saltare • fare le capriole • nascondere • nascondino • mosca cieca • altalena • scivolo • arrampicarsi • girotondo • guardie e ladri • sognare • dipingere • disegnare • modellare • suonare • cantare • leggere

2. Che cosa facevi quando volevi stare solo/a? Quando ti sentivi triste? felice? Avevi un posto segreto dove ti nascondevi?

3. Di solito, i bambini sono affascinati dagli animali ed imparano presto le varie voci degli animali più comuni. Puoi abbinare gli animali seguenti con la loro voce?

gatto	ronzare
pecora, capra	abbaiare, ululare
mucca, bue	sbuffare
cane, lupo, iena	miagolare, fare le fusa
uccello canoro (passero, canarino, ecc.)	belare
cavallo	ruggire
ape, vespa	cinguettare
leone, tigre	muggire

Conosci altre «voci» in italiano? Quali?

B. Recentemente, l'Italia ha festeggiato il cinquantesimo anniversario della liberazione di Roma nel 1944 da parte delle forze alleate. Consulta un'enciclopedia per capire la situazione politica e militare in Italia fra 1941–45 ed a Roma fra 1943–44. Quali erano le alleanze? Chi erano i partigiani? i repubblichini?

La Lettura

da *La storia: un romanzo*
Elsa Morante

intravedere
sheds / huts / gradually / to thin out / fields / thickets of reeds

especially in the mornings
a short distance / to somersault / to jump
(romano)

Qui la città era finita. Di là, sull'altra riva, si scorgevano° ancora fra il verde poche baracche° e casupole°, che via via° si diradavano°; ma da questa parte, non c'erano che prati° e canneti°, senza nessuna costruzione umana. E nonostante la domenica, il luogo era deserto. Con la primavera appena agli inizi, specie di mattina°, nessuno ancora, difatti, frequentava queste rive. C'erano solo Useppe e Bella: i quali correvano avanti un tratto°, poi si buttavano a scapriolare° nell'erba, poi zompavano° su e correvano avanti un altro tratto.

to slope	
to chat	
to mingle, tangle	10
daisies	
trunks / fence, railing	15
reeds, cane	
strips, ribbons	
quivering, trembling / to sniff / tent	
	20
to lie down, curl up (of a dog) / apparire / puppies	
il primo padrone di Bella portato al carcere di Poggioreale (Napoli) / il secondo padrone di Bella che morì	25
whirring, buzzing / foliage	
delay	
	30
baracca / guerillas	
la zona di castelli, paesini, e laghi vulcanici al sud di Roma / soprannomi o pronunce di Useppe per altri personaggi nel romanzo, Giuseppe Secondo e Antonio Ace of Hearts / beckoning / to rush / leap / to whisper / Sure! Of course I do!	35
	40
goldfinch / starling	
to peer, scrutinize / to take care	
trills	45
except for	
	50

In fondo ai prati, il terreno si avvallava°, e incominciava una piccola zona boscosa. Fu lì che Useppe e Bella a un certo punto rallentarono i passi, e smisero di chiacchierare°.

Erano entrati in una radura circolare, chiusa da un giro di alberi che in alto mischiavano° i rami, così da trasformarla in una specie di stanza col tetto di foglie. Il pavimento era un cerchio d'erba appena nata con le piogge, forse ancora non calpestata da nessuno, e fiorita solo di un'unica specie di margherite° minuscole, le quali avevano l'aria d'essersi aperte tutte quante insieme in quel momento. Di là dai tronchi°, dalla parte del fiume, una palizzata° naturale di canne° lasciava intravedere l'acqua; e il passaggio della corrente, insieme all'aria che smuoveva le foglie e i nastri° delle canne, variava le ombre colorate dell'interno, in un continuo tremolío°. All'entrare, Bella fiutò° in alto, forse credendo di ritrovarsi in qualche tenda° persiana; poi levò appena gli orecchi, al suono di un belato dalla campagna, ma súbito li riabbassò. Anche lei, come Useppe, si era fatta attenta al grande silenzio che seguì la voce singola di quel belato. S'accucciò° vicino a Useppe, e nei suoi occhi marrone comparve° la malinconia. Forse, si ricordava dei suoi cuccioli°, e del suo primo Antonio a Poggioreale°, e del suo secondo Antonio sottoterra°. Pareva proprio di trovarsi in una tenda esotica, lontanissima da Roma e da ogni altra città: chi sa dove, arrivati dopo un grande viaggio; e che fuori all'intorno si stendesse un enorme spazio, senz'altro rumore che il movimento quieto dell'acqua e dell'aria.

Un frullo° corse nell'alto del fogliame°, e poi, da un ramo mezzo nascosto, si udì cinguettare una canzonetta che Useppe riconobbe senza indugio°, avendola imparata a memoria un certo mattino, ai tempi che era piccolo. Rivide anzi la scena dove gli era capitato di ascoltarla: dietro la capanna° dei guerriglieri°, sul monte dei Castelli°, mentre Eppetondo° cuoceva le patate e si aspettava Ninnuzzu-Assodicuori°... Il ricordo gli si presentò un poco indistinto, in un tremolio luminoso, simile all'ombra di questa tenda d'alberi; e non gli portò tristezza, ma anzi il contrario, come un piccolo saluto ammiccante°. Anche Bella parve gustare la canzonetta, perché alzò la testa di sotto in su, tenendosi in ascolto accucciata, invece di slanciarsi° in uno zompo° come avrebbe fatto in altra occasione. «La sai?» le bisbigliò° Useppe pianissimo. E in risposta essa agitò la lingua e alzò mezzo orecchio, per intendere: «Altro che! e come no?!»° Stavolta, i cantanti non erano due, ma uno solo; e a quanto se ne distingueva giù da sotto, non era né un canarino né un lucherino°, ma forse uno storno°, o piuttosto un passero comune. Era un uccellino insignificante, di colore castano-grigio. A scrutare° in alto, badando° a non fare movimento né rumore, si poteva scorgere meglio la sua testolina vivace e perfino la sua minuscola gola rosea che palpitava nei gorgheggi°. A quanto pare, la canzonetta s'era diffusa, nel giro degli uccelli, diventando un'aria di moda, visto che la sapevano anche i passeri. E forse, costui non ne conosceva nessun'altra, visto che seguitava a ripetere questa sola, sempre con le stesse note e le stesse parole, salvo° variazioni impercettibili:

«È uno scherzo
uno scherzo
tutto uno scherzo!»

oppure:

> «Uno scherzo uno scherzo
> 55   è tutto uno scherzo!»

oppure:

> «È uno scherzo
> è uno scherzo
> è tutto uno scherzo uno scherzo
> 60   uno scherzo ohoooo!»

to repeat it

Dopo averla replicata° una ventina di volte, fece un altro frullo e se ne rivolò via. Allora Bella soddisfatta si allungò meglio sull'erba, con la testa

paws / to snooze, doze
to expand, grow larger

riposata sulle due zampe° davanti, e si mise a sonnecchiare°. Il silenzio, finito l'intervallo della canzonetta, s'era ingrandito° a una misura fantastica, tale che
65   non solo gli orecchi, ma il corpo intero lo ascoltava. E Useppe, nell'ascoltarlo,
ebbe una sorpresa che forse avrebbe spaventato un uomo adulto, soggetto a un

rational code

codice mentale° della natura. Ma il suo piccolo organismo, invece, la ricevette come un fenomeno naturale, anche se mai prima scoperto fino a oggi.

70   Il silenzio, in realtà, era parlante! anzi, era fatto di voci, le quali da principio arrivarono piuttosto confuse, mescolandosi col tremolio dei colori e delle ombre,

it was clear that

fino a che poi la doppia sensazione diventò una sola: e allora s'intese che° quelle luci tremanti, pure loro, in realtà, erano tutte voci del silenzio. Era proprio il

twisting (come un serpente)
75   silenzio, e non altro, che faceva tremare lo spazio, serpeggiando° a radice più in fondo del centro infocato della terra, e montando in una tempesta enorme oltre

dazzling, blinging

il sereno. Il sereno restava sereno, anzi più abbagliante°, e la tempesta era una moltitudine cantante una sola nota (o forse un solo accordo di tre note) uguale a

cry

un urlo°! Però dentro ci si distinguevano chi sa come, una per una, tutte le voci
e le frasi e i discorsi, a migliaia, e a migliaia di migliaia: le canzonette, e i belati,

shots / coughs
80   e il mare, e le sirene d'allarme, e gli spari°, e le tossi°, e i motori, e i convogli per
crickets / bursting, exploding / grunt
Auschwitz, e i grilli°, e le bombe dirompenti°, e il grugnito° minimo dell'animaluccio senza coda... e «che me lo dài, un bacetto, a' Usè?...»

Questa multipla sensazione di Useppe, non facile né breve a descriversi, fu in se stessa, invece, semplice, rapida, quanto una figura di tarantella°. E l'effetto

whirling southern Italian dance
85   che ebbe su di lui, fu di farlo ridere. Si trattava, invero, anche oggi, a detta dei
medici, di uno dei diversi segni del suo morbo°: certe sensazioni allucinatorie

malattia

sono «sempre possibili in soggetti epilettici». Ma chi si fosse trovato a passare, in quel momento, nella tenda d'alberi, non avrebbe visto altro che uno spensierato°

carefree
dark-haired little boy
morettino° dagli occhi azzurri, il quale rideva di niente, con lo sguardo in aria,
feather / to tickle
90   come se una piuma° invisibile gli vellicasse° la nuca.

⮎ Domande sulla lettura

C. All'inizio della lettura Useppe esce dalla città affamata e devastata dalla guerra con il suo cane-amico, Bella. L'autrice stabilisce una netta contrapposizione fra la città e la periferia verde.

1. Come descriveresti questo contrasto?

2. Come viene descritto il nascondiglio di Useppe e Bella? A che cosa assomiglia?

D. I rumori e i silenzi hanno dei ruoli importanti nei ricordi di Useppe e di Bella.
   1. Che cosa gli fanno ricordare?

2. Secondo te, che cosa potrebbe significare «la canzonetta» dell'uccellino?

E. Ad un certo punto l'autrice accenna alla maggiore fantasia e sensibilità sensoriale dei bambini in confronto con gli adulti. In che cosa consiste questa capacità infantile?

F. L'effetto del silenzio.
   1. Perché Useppe comincia ad avere allucinazioni?

2. Che cosa rivede?

3. Che cos'è «l'animaluccio senza coda»?

4. Ce la fai a tradurre la domanda rivolta ad Useppe in romanesco? Secondo te, chi la pronuncia?

G. L'interiore opposto all'esteriore. Come viene vissuta da Useppe la crisi allucinatoria? E come viene vista da fuori?

H. Il bambino del brano, Useppe, è un bambino epilettico nato dallo stupro (una violenza carnale) di un'italiana ebrea-cattolica da parte di un giovane soldato tedesco durante l'occupazione di Roma. La sua vita breve diventa un simbolo delle capacità intuitive dei bambini cresciuti nella sofferenza della guerra e nell'emarginazione. Tornando alla lettura, come viene accennato e sviluppato questo aspetto simbolico del personaggio?

Dopo aver letto

I. Vedi il film «Roma città aperta» di Roberto Rossellini. Usando il soggetto del film e la ricerca che hai fatto sull'occupazione di Roma, descrivi la vita quotidiana di un bambino romano/una bambina romana nel 1943–44.

J. Facciamo una riflessione scritta sulla storia. Il 24 gennaio 1994 a vent'anni dalla pubblicazione di *La storia: un romanzo*, la prima pagina culturale del quotidiano *L'Unità* è uscita con il titolo «Stanno ammazzando Useppe a Sarajevo». Questo titolo ci potrebbe indurre a fare una riflessione sulla storia e quanto noi ne impariamo. Secondo te, che cos'è la storia? Come e che cosa possiamo sapere ed imparare del passato? In che senso «la storia» potrebbe essere «una storia»? Prendendo l'anno scorso come punto di riferimento, che cosa vorresti che fosse ricordato di quell'anno?

K. La storia orale. Fai e poi trascrivi un'intervista ad una persona anziana sulla sua giovinezza. Dove, quando, e come ha vissuto la sua infanzia? Quali sono i ricordi più importanti e formativi del tuo soggetto? Come si confrontano con la storia scritta «ufficiale» del periodo?

Capitolo 34

Elogio del nostro tempo

Eugenio Montale

Critico, giornalista, collaboratore a varie riviste, ed eminentemente poeta, Eugenio Montale (Genova 1896–Milano 1981) è una delle voci più incisive e più educate della lirica moderna. Egli stesso ha scritto che la sua arte è quella di «incidere le parole come pietre dure,» cioè di tagliarle sul foglio bianco per creare la sua poesia. Canta spesso il paesaggio marino della costa ligure natia e dimostra una lucida e stoica sensibilità alla vita ed ai problemi del nostro secolo. Montale ha cercato un linguaggio poetico tutto corporeo, solido, ben iscritto nello spazio e nel tempo, e così facendo, ha saputo collegare cose concrete e valori metafisici. «Elogio del nostro tempo» è tratto dal *Quaderno di quattro anni* datato 21 marzo 1975.

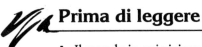

Prima di leggere

A. Il mondo in cui viviamo. Fai una breve descrizione del nostro mondo contemporaneo da un punto di vista ottimista o pessimista.

Vocabolario utile

politica internazionale • ecologia globale • bilancio militare • diritti civili dell'individuo • creatività artistica • disarmo nucleare • imperialismo • «villaggio mondiale»

B. Secondo te, l'uomo ha ancora la capacità di annientare (*annihilate*) la sua presenza sulla terra? Spiega la tua risposta.

C. Hai un'opera d'arte favorita? Quant'è antica? Che cosa potrebbe distruggerla?

D. Vocabolario dell'elogio. Metti le seguenti parole di elogio (*praise*) in ordine d'intensità espressiva ascendente. Avrai bisogno di un dizionario.

lusingare elogiare raccomandare magnificare esagerare lodare
encomiare complimentare

La Lettura

Elogio del nostro tempo

Eugenio Montale

Non si può esagerare abbastanza
l'importanza del mondo
(del nostro, intendo)
probabilmente il solo
in cui si possa uccidere
con arte e anche creare
opere d'arte destinate a vivere
lo spazio di un mattino, sia pur fatto
di millenni e anche più. No, non si può
magnificarlo a sufficienza. Solo
ci si deve affrettare° perché potrebbe

to hurry

celebrated fable / frog

non essere lontana
l'ora in cui troppo si sarà gonfiata
secondo un noto apologo° la rana°.

Domande sulla lettura

E. Questa poesia confronta un'estetica della violenza con la creazione artistica.

    1. Potresti dare un esempio moderno della raffinatezza della violenza? Pensa per esempio ai «missili intelligenti» ed ai *surgical strikes* di cui si parlava durante la guerra del Golfo.

    2. Hai mai visto un'opera d'arte antica? Dove si trovano queste opere che hanno vissuto «millenni e anche più»? Quali sono?

F. Il sentimento del tempo.

    1. Quanti infiniti ci sono in questa poesia e quali sono?

    2. Qual è il rapporto tra l'infinito e «il nostro tempo»?

    3. Qual è il rapporto tra la «vita» di un'opera d'arte e la nostra vita?

G. L'elogio è un componimento letterario con il quale si celebra qualcuno o qualcosa. Secondo Montale, perché non si può esagerare abbastanza l'importanza del nostro mondo?

H. L'apologo invece è una favola allegorica con intenti morali, come le favole di Esopo.

    1. Conosci la favola della rana che si era troppo gonfiata? (Se non la conosci, cercala in biblioteca o trova qualcuno che la può raccontare alla classe.) Perché la rana si gonfia?

    2. Quale vizio umano viene simboleggiato dalla rana?

    3. Che fine fa la rana?

I. Se questo mondo è nostro ed appartiene ad ognuno di noi nel senso della comunità umana, perché secondo Montale ci si uccide senza rispettare la vita umana né la natura né le cose create dall'uomo?

Dopo aver letto

J. Confronta il nostro mondo con quello di un'altra civiltà, anche antica o preistorica, che aveva un'altra concezione forse più reverenziale nei confronti del mondo o pianeta terra. Per esempio, i greci antichi, la civiltà orientale, gli indù, una società matriarcale che adorava soprattutto le dee.

K. Scrivi su di un problema ecologico o ambientale nel quale l'apatia o la superbia della gente contribuisce alla distruzione del mondo naturale.

L. Fai il tuo elogio del nostro tempo secondo il modello di Montale, scegliendo i valori più significativi di cui abbiamo bisogno per sopravvivere nel nostro mondo.

Capitolo 35

La mia voce

Amalia Guglielminetti

Amalia Guglielminetti nacque a Torino nel 1885. Diciottenne pubblicò la sua prima raccolta di poesie, *Voci della giovinezza* (1903). La sua poesia riflette una intolleranza della vita ordinaria e tranquilla. Era conosciuta per le sue appassionate relazioni amorose. La sua corrispondenza con lo scrittore Guido Gozzano è un'importante cronaca sociale dei primi anni del nostro secolo. Ha scritto vari romanzi, racconti, e drammi per bambini. Morì a Torino nel 1941.

 Prima di leggere

A. Descrivi la tua voce.

1. Com'è il timbro della tua voce?

Vocabolario utile

alto • basso • acuto • forte • debole • dolce • amaro • rauco • energico • felice • malinconico • ironico • sarcastico • simpatico

2. Potresti paragonare la tua voce al suono di un fenomeno naturale? Per esempio, al vento, al mare. Oppure a quello di un animale?

3. Descrivi una situazione emotiva in cui la tua voce cambia da un registro ad un altro.

La Lettura

La mia voce

Amalia Guglielminetti

roar	1	La mia voce non ha rombo° di mare
deep echoes		o d'echi alti° tra fughe di colonne:
rustle		ma il susurro che par fruscìo° di gonne
rivalries		con cui si narran feminili gare°.

2   Io non volli cantar, volli parlare,
e dir cose di me, di tante donne
cui molti desideri urgon l'insonne
cuore° e lascian con labbra un poco amare.

whose numerous desires arouse their sleepless hearts

to quiver

3   E amara è pur la mia voce talvolta,
quasi vi tremi° un riso d'ironia,
più pungente a chi parla che a chi ascolta.

4   Come quando a un'amica si confida
qualche segreto di malinconia
e si ha paura ch'ella ne sorrida.

B. Il gioco dei contrasti. Nella prima strofa i primi due versi rappresentano due metafore sonore che contrastano con il paragone della voce al «fruscio di gonne» nei versi 3–4. Prova a confrontare fra di loro queste tre immagini sonore che descrivono la voce della donna.

C. Questo stesso contrasto viene sostenuto foneticamente nella seconda strofa. Le consonanti liquide *l* e *r* contrastano con quali altre consonanti «dure» che si ripetono frequentemente in questa strofa?

D. Un po' di fonetica: strofe 2–3. Nelle coppie seguenti di lettere — (p, b), (t, d), (ch, gh) — le consonanti *p, t,* e *ch* (+ e, i) vengono chiamate «sorde» oppure «dure» e sono senza suono. Invece *b, d,* e *gh* (+ e, i) sono suoni dolci e sonori. In inglese si fa la stessa distinzione con i termini *voiceless* e *voiced*, per esempio (*play, bay*), e (*tome, dome*), e (*creed, greed*). Adesso rileggi la poesia facendo attenzione in modo particolare alla frequenza delle consonanti.

1. Quali consonanti dominano?

2. In quali parole si trovano?

3. C'è un rapporto tra il tipo di consonante ed il senso della parola in cui si trova?

E. Sottolinea tutte le parole rimate in questo sonetto. Poi trova lo schema delle rime che incomincia con *a b b a* nella prima strofa. Quali sono i rapporti possibili ed immaginabili, visivi ed emotivi tra queste parole che rimano?

F. La parola *amare* (v. 8) può avere due significati secondo il suo uso grammaticale come aggettivo o come infinito. Prova a spiegare in che modo questa duplicità arricchisce l'interpretazione dell'amore femminile in questa poesia. Cioè qual è la differenza tra il significato di «lasciare amare» (verbo) e «lasciare le labbra amare» (aggettivo)?

G. Nelle strofe 3–4, quali emozioni vengono contrastate?

1. Spiega come la rima sostiene questo contrasto.

2. Confidenza o rivalità? Secondo te, la voce della donna è pungente perché questo è l'effetto ironico che ha su di lei la situazione finora segreta? o invece perché ella ha paura che chi l'ascolta sorrida dell'imbarazzo provocatole da questa fiducia, se non lo nasconde dietro un tono pungente?

Dopo aver letto

H. Fai il ritratto della donna che parla, e narra un episodio della sua vita suggerito dalla poesia. Inventa un dialogo tra lei e la sua amica nel quale la donna spiega «il segreto di malinconia.»

I. Riscrivi la poesia dal punto di vista maschile, cioè dal punto di vista di un uomo che descrive la sua voce. Concludi la tua poesia con un paragone che incomincia «Come quando...,» simile alla poesia di Guglielminetti, e che racconta brevemente un aneddoto personale un po' imbarazzante. Poi spiega brevemente in che senso e come la versione maschile è diversa da quella femminile.

J. Utilizzando tutte le informazioni che hai raccolto dalle domande precedenti, fai un'analisi di «La mia voce» sia dal punto di vista fonico che interpretandone gli altri significati poetici, insistendo sui contrasti.

Capitolo 36

Dal terrazzo
da *Palomar*

Italo Calvino

Nato nel 1923 in Cuba, Italo Calvino è considerato uno degli scrittori italiani più cosmopolita. Iniziò la sua carriera letteraria lavorando nell'ambiente della casa editrice Einaudi a Torino. La sua vocazione favolistica si dimostra presto nel suo primo romanzo *Il sentiero dei nidi di ragno* (1947), e lo scrittore si mantiene fedele a quest'indirizzo spesso allegorico, esistenziale, e metaletterario nella trilogia *I miei antenati* —*Il Visconte dimezzato* (1952), *Il barone rampante* (1957), ed *Il cavaliere inesistente* (1959)—e poi nelle sue opere *Marcovaldo ovvero le stagioni in città* (1963), *La giornata di uno scrutatore* (1963), *Le cosmicomiche* (1965), *Ti con zero* (1967), *Le città invisibili* (1972), *Se una notte d'inverno un viaggiatore* (1979), e *Palomar* (1983).

Stava preparando una serie di conferenze (rimasta incompiuta) da tenere alla Harvard University quando è morto a Siena nel 1985. Sono state pubblicate postume con il titolo *Six Memos for the Next Millenium*.

 ## Prima di leggere

A. Immagina di essere un uccello che sorvola una grande metropoli. Che cosa vedi da lassù?

Vocabolario utile

palazzo • condominio • tetto • finestra • via • viale • marciapiede • striscia pedonale • semaforo • pedone • macchina • camion • bicicletta • motorino • autobus • piazza • antenna televisiva • cartellone pubblicitario • cabina telefonica • terrazzo • balcone • ringhiera • chiesa • moschea • sinagoga • cupola • campanile • minareto • stadio • negozio • albero • parco • fiume • ponte • collina

B. Se potessi cambiarti in un volatile (uccello) per un giorno, che specie sceglieresti di essere—un uccello migratore, canoro, acquatico, o rapace? Spiega il perché della tua scelta.

Vocabolario utile

piccione • passero • canarino • pappagallo • merlo • gabbiano • airone • cigno • pettirosso • colombo • falco • aquila • cicogna • corvo • quaglia • usignolo • rondine • pinguino • tacchino

C. I tetti italiani nei centri storici sono molto conosciuti per la loro varietà e la loro bellezza. Guarda bene la foto a pagina 224. Puoi identificare tutte le parti di un tipico tetto italiano? Abbina le varie parti con il numero giusto.

tegola ____   spiovente ____

cornicione ____   attico o mansarda ____

abbaino ____   camino ____

La Lettura

Dal terrazzo

Italo Calvino

daisy of southern African origin / to riddle with holes / to cling to, grasp / bluebells / to pluck off / blackberries / parsley / to scratch around

dirty, filthy

at the mercy of / lumpen-feathered creatures, i.e., marginalized, dispossessed, degraded birds / moulted livery

— Sciò! Sciò! — Il signor Palomar corre sul terrazzo per far scappare i piccioni che mangiano le foglie della gazania°, crivellano° di beccate le piante grasse, s'aggrappano° con le zampe alla cascata di campanule°, spiluccano° le more°, becchettano fogliolina a fogliolina il prezzemolo° piantato nella cassetta vicino alla cucina, scavano e razzolano° nei vasi rovesciando fuori la terra e mettendo a nudo le radici, come se il solo fine dei loro voli fosse la devastazione. Ai colombi il cui volo rallegrava un tempo le piazze è succeduta una progenie degenerata e sozza° e infetta, né domestica né selvatica ma integrata nelle istituzioni pubbliche, e come tale inestinguibile. Il cielo della città di Roma è da tempo caduto in balìa° della sovrapopolazione di questi lumpen-pennuti°, che rendono la vita difficile a ogni altra specie d'uccelli intorno e opprimono il già libero e vario regno dell'aria con le loro monotone spennacchiate livree° grigio-piombo.

Stretta tra le orde° sotterranee dei topi e il greve° volo dei piccioni, l'antica città si lascia corrodere dal basso e dall'alto senza opporre più resistenza che altravolta alle invasioni dei barbari, come vi riconoscesse non l'assalto di nemici esterni ma gli impulsi più oscuri e congeniti della propria essenza interiore.

La città ha pure un'altra anima—una tra le tante—che vive dell'accordo tra vecchie pietre e vegetazione sempre nuova, nel dividersi i favori del sole.

spirit of place

Secondando questa buona disposizione ambientale o genius loci°, il terrazzo della famiglia Palomar, isola segreta sopra i tetti, sogna di concentrare sotto la

to luxuriate
luxuriance, bloom

sua pergola il lussureggiare° dei giardini di Babilonia.

Il rigoglio° del terrazzo risponde al desiderio d'ogni membro della famiglia, ma mentre alla signora Palomar è venuto naturale di trasferire sulle piante la sua attenzione alle cose singole, scelte e fatte proprie per identificazione interiore e così entrate a comporre un insieme dalle multiple variazioni, una collezione emblematica, questa dimensione dello spirito fa difetto agli altri familiari; alla figlia perché la giovinezza non può né deve fissarsi sul qui ma solo sul più in là; al marito perché è arrivato troppo tardi a liberarsi dalle impazienze giovanili e a capire (solo in teoria) che l'unica salvezza è nell'applicarsi alle cose che ci sono.

Le preoccupazioni del coltivatore per cui ciò che conta è quella data pianta, quel dato pezzo di terreno esposto al sole dalla tale ora alla tale ora, quella data malattia delle foglie che va combattuta in tempo con quel dato trattamento sono

foreign

estranee° alla mente modellata sui procedimenti dell'industria, cioè portata a decidere sulle impostazioni generali e sui prototipi. Quando Palomar s'era accorto di quanto approssimativi e votati°

doomed

all'errore sono i criteri di quel mondo dove credeva di trovare precisione e norma universale, era tornato lentamente a costruirsi un rapporto col mondo limitandolo all'osservazione delle forme visibili; ma ormai lui era fatto com'era fatto: la sua adesione alle cose restava

fleeting, transient

quella intermittente e labile° delle persone che sembrano sempre intente a pensare un'altra cosa ma quest'altra cosa non c'è. Alla prosperità del terrazzo egli contribuisce correndo ogni tanto a spaventare i piccioni,—Sciò! Sciò!—,

ancestral

risvegliando in sé il sentimento atavico° della difesa del territorio.

Se sulla terrazza si posano uccelli diversi dai piccioni, il signor Palomar anziché cacciarli dà loro il benvenuto, chiude un occhio su eventuali guasti prodotti dai loro becchi, li considera messaggeri di divinità amiche. Ma queste apparizioni sono rare: una pattuglia° di corvi qualche volta s'avvicina

platoon
to dot

punteggiando° il cielo di macchie nere, e propagando (anche il linguaggio degli dèi cambia coi secoli) un senso di vita e d'allegria. Poi qualche merlo, gentile e arguto; una volta un pettirosso; e i passeri nel solito ruolo di passanti anonimi.

to sight
squadrons
martins / to row

Altre presenze di pennuti sulla città si lasciano avvistare° da più lontano: le squadriglie° dei migratori, in autunno; e le acrobazie, d'estate, di rondoni e balestrucci°. Ogni tanto dei gabbiani bianchi, remando° l'aria con le lunghe ali, si spingono fin sopra il mare asciutto delle tegole, forse sperduti risalendo dalla

mouth (of a river) / bends

foce° le anse° del fiume, forse intenti a un rito nuziale, e il loro grido marino stride tra i rumori cittadini.

terrace or loggia on the roof of a house or tower / mess, disorder

La terrazza è a due livelli: un'altana° o belvedere sovrasta la baraonda° dei tetti su cui il signor Palomar fa scorrere uno sguardo da uccello. Cerca di pensare il mondo com'è visto dai volatili; a differenza di lui gli uccelli hanno il vuoto che s'apre sotto di loro, ma forse non guardano mai in giù, vedono solo ai lati, librandosi° obliquamente sulle ali, e il loro sguardo, come il suo, dovunque si diriga non incontra altro che tetti più alti o più bassi, costruzioni più o meno elevate ma così fitte da non permettergli d'abbassarsi più di tanto. Che là sotto, incassate°, esistano delle vie e delle piazze, che il vero suolo sia quello a livello del suolo, lui lo sa in base ad altre esperienze; ora come ora, da quel che vede di quassù°, non potrebbe sospettarlo.

La forma vera della città è questo sali e scendi di tetti, tegole vecchie e nuove, coppi° ed embrici°, comignoli esili o tarchiati°, pergole di cannucce e tettoie d'eternità ondulata, ringhiere, balaustre°, pilastrini che reggono vasi, serbatoi° d'acqua in lamiera, abbaini, lucernari di vetro, e su ogni cosa s'innalza l'alberatura delle antenne televisive, dritte o storte, smaltate° o arrugginite°, in modelli di generazioni successive, variamente ramificate e cornute e schermate, ma tutte magre come scheletri° e inquietanti come totem. Separati da golfi di vuoto irregolari e frastagliati°, si fronteggiano terrazzi proletari con corde per i panni stesi e pomodori piantati in catini° di zinco; terrazzi residenziali con spalliere di rampicanti° su tralicci° di legno, mobili da giardino in ghisa verniciata° di bianco, tendoni° arrotolabili; campanili con la loggia campanaria scampanante°; frontoni di palazzi pubblici di fronte e di profilo; attici e superattici, sopraelevamenti abusivi e impunibili; impalcature° in tubi metallici di costruzioni in corso o rimaste a mezzo; finestroni con tendaggi e finestrini di gabinetti; muri color ocra e color siena; muri color muffa° dalle cui crepe° cespi° d'erba riversano il loro pendulo fogliame; colonne d'ascensori; torri con bifore e con trifore; guglie° di chiese con madonne; statue di cavalli e quadrighe; magioni° decadute a tuguri°, tuguri ristrutturati a garçonnières; e cupole che tondeggiano° sul cielo in ogni direzione e a ogni distanza come a confermare l'essenza femminile, giunonica° della città: cupole bianche o rosa o viola a seconda dell'ora e della luce, venate di nervature, culminanti in lanterne sormontate da altre cupole più piccole.

Nulla di tutto questo può essere visto da chi muove i suoi piedi o le sue ruote sui selciati della città. E, inversamente, di quassù si ha l'impressione che la vera crosta terrestre sia questa, ineguale ma compatta, anche se solcata° da fratture non si sa quanto profonde, crepacci o pozzi° o crateri, i cui orli in prospettiva appaiono ravvicinati come scaglie° d'una pigna°, e non viene neppure da domandarsi cosa nascondano nel loro fondo, perché già tanta e tanto ricca e varia è la vista in superficie che basta e avanza a saturare la mente d'informazioni e di significati.

Così ragionano gli uccelli, o almeno così ragiona, immaginandosi uccello, il signor Palomar. «Solo dopo aver conosciuto la superficie delle cose,— conclude,—ci si può spingere a cercare quel che c'è sotto. Ma la superficie delle cose è inesauribile.»

D. In questo brano, la città di Roma come capitale—dell'impero romano e dell'Italia unita—viene rappresentata attraverso alcuni accenni alla storia e alla vita attuale. Fai un elenco delle frasi descrittive che enfatizzano il carattere di Roma.

E. Che cosa significa il terrazzo per il signor Palomar e la sua famiglia—la moglie e la figlia? Descrivilo. A che cosa assomiglia? Quale impressione del terrazzo ti dà questa similitudine?

F. Ad un certo punto il signor Palomar «cerca di pensare il mondo com'è visto dai volatili.» Torna all'esercizio A e cerca di individuare le cose che allo sguardo di un uccello distinguono una città italiana da qualsiasi altra città.

G. Noi (ed altri animali) abbiamo cinque organi di senso—il senso dell'udito, dell'olfatto, della vista, del gusto, e del tatto. Si dice spesso che ne abbiamo anche un sesto—il senso dell'intuito. Quale senso viene sviluppato/Quali sensi vengono sviluppati con più attenzione nel signor Palomar e perché?

Dopo aver letto

H. Fai il ritratto del signor Palomar.

I. La maggior parte delle case italiane ha terrazzi o balconi che funzionano da orticelli, piccoli giardini, ed estensione dello spazio domestico, per esempio come ripari dal caldo in casa, sale da pranzo estive, ecc. Descrivi il tuo terrazzo ideale.

J. Secondo te, quale lezione sulle nostre capacità conoscitive ci dà la riflessione del signor Palomar quando conclude, «Solo dopo aver conosciuto la superficie delle cose, ci si può spingere a cercare quel che c'è sotto. Ma la superficie delle cose è inesauribile»? Tu sei d'accordo con lui? Scrivi una risposta al signor Palomar.